통영

D

대한민국 도슨트
한국의 땅과 사람에
관한 이야기

06

이서후 지음

21세기북스

통영 행정 지도

인구 13만 221명 (2020년 4월 기준)
면적 239.85㎢ (2018년 기준)
행정구분 1읍 6면 8동

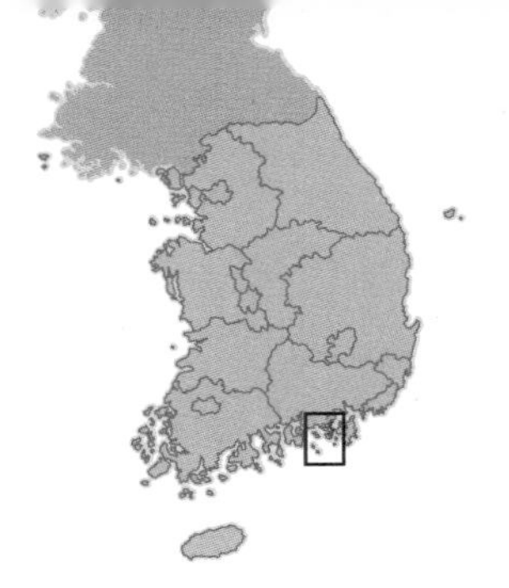

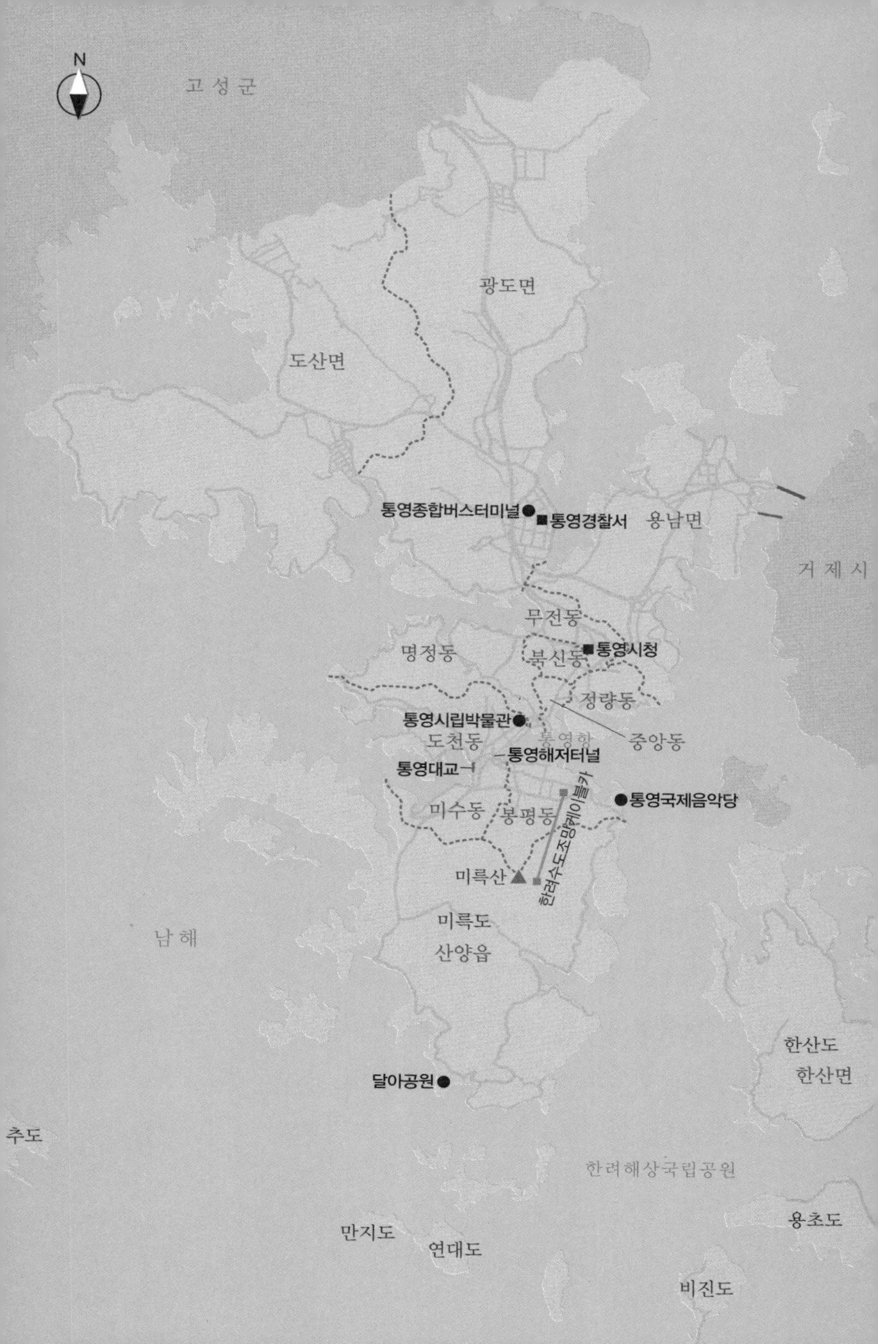
N
고성군
광도면
도산면
통영종합버스터미널
통영경찰서
용남면
거제시
무전동
명정동
북신동
통영시청
정량동
통영시립박물관
통영항
도천동
중앙동
통영해저터널
통영대교
한려수도조망케이블카
통영국제음악당
미수동
봉평동
미륵산
미륵도
산양읍
남해
한산도
한산면
달아공원
추도
한려해상국립공원
용초도
만지도
연대도
비진도

차례

시작하며

'통영 도슨트' 이서후

애초에 큰 도시와는 어울리는 성격이 아니었다. 대학을 포함해 10년 서울 생활을 끝내고 부모님이 계신 마산(현재 통합 창원시)으로 돌아왔다. 마산은 일제강점기 이전에 개항한 오랜 해안도시인데도 바닷가란 느낌이 잘 들지 않는다. 차로 한 시간 거리에 있는 통영에 자주 갔던 건 그래서였다. 무엇보다 '통영'이라는 발음에 담긴 밝고 설레는 느낌이 좋았다.

통영의 첫인상은 단연 바다였다. 푸르게 반짝이던 물빛, 그 너머 적당히 간격을 두고 떠 있는 섬들이 벅찬 풍경을 이루고 있었다. '와, 바다다….' 해안도시에서 온 나는 통영 바다 앞에서 마치 처음 바다를 보는 것처럼 설렜다.

직장 생활로 바쁜 나날 중에 한숨이 늘고, 하늘을 보는 시간이 길어진다 싶으면 여지없이 통영으로 달려갔다. 세병관 넓은 마루 가득 들어찬 저녁 햇살에 눈빛이 쓸쓸해졌고, 박경리 묘소의 소박하고 따스한 분위기에 마음이 잔잔해졌다. 미륵산 정상에서 바라보는 바다 풍경에 온몸이 부풀어 오르기도 했다.

언젠가부터는 그냥 하릴없이 통영의 골목을 돌아다녔다. 낮이라도 좋고, 밤이라도 상관없었다. 도심이 넓지 않아 아무 골목이나 불쑥 들어가도 결국 익숙한 곳으로 통했다. 통영의 오랜 모퉁이들에는 통영만의 무언가가 있었다. 처음에는 적당한 온도나 부드러운 바람처럼 그저 그 순간의 인상인가 싶었다. 하지만 그건 분명히 통영에서만 느낄 수 있는 분위기였다. 윤이상기념관에서 그 느낌의 단서를 찾았다. 전시물 중에 윤이상의 육필 원고 '회수록(回首錄)'의 복사본이 한 편 있다. 독일 교포들이 발간하는 잡지의 청탁을 받고 고향 통영에 대해 쓴 글이다. 이 글에서 윤이상은 일제강점기 통영의 젊은이들 사이에 두 가지 경향이 있다고 했다. 3·1운동이 실패하자 현실을 인정하고 실력을 키워 돈을 벌자는 '현실파'가 그중 하나다. 그리고 그럼에도 민족의 양심을 지키며 타협하지 않고 살자는 '아-파'가 나머지 하나다.

"이런 사람들은 더러는 양복도 입지 않고, 두루마기를 휘날리며 바닷가에 나가 항상 한탄한다. (중략) 호수같이 맑은 바다 위에 뜬 달을 보고 '아-'하고, 봄날 아지랑이 이는 전원에서도 '아-'하고, 가을 낙엽을 밟으면서도 '아-'한다고 해서, 소위 '현실파'들은 이들을 비꼬아서 '아-파'라고 불렀다. (중략) 이 '아-파'로 불리우는 사람들은 비단 비생산적인 생활만 한 것은 아니다. 돈은 없어도 모여서 어두운 불빛 아래 시를 낭독하고 철학을 논의했다."

해방 후 '현실파'들은 일본 사람들이 남기고 간 집이나 상점을 재빨리 차지하고 경제권을 거머쥐었다. '아-파'의 후예들은 잃었던 민족정신을 찾고 전통적인 것을 복원하려고 애썼다. 통영문화협회를 만들고 야학을 열어 돈 없는 집 아이들을 가르쳤다. 음악회를 열고, 연극을 하고, 한글강습회를 진행하기도 했다.

생각해보면 '현실파'나 '아-파' 모두 통제영의 후손, 통영 사람들의 장인 기질과 도전 정신과 맞닿아 있다. 다시 말해 과감한 현실주의와 민족적 낭만주의, 장사치의 잇속과 예술가의 고뇌가 뒤섞여 있는 게 통영의 골목들이었다.

통영의 골목들을 섭렵했을 즈음 직장을 쉬고 만 4년간 세계를 떠돌았다. 온 세상의 골목들을 걷고 또 걷다가 돌아왔다. 다시 통영을 찾으니 푸른 바다는 여전했다. 그런데 골목마다 이전에 못 보던 멋진 공간들이 생겼다. 그리고 이런 공간에서 재미난 일들이 벌어지고 있었다. 각자 공간을 운영하지만, 이들 공간의 대표들은 자주 만나 통영의 새로운 문화를 만드는 일에도 힘을 쏟고 있다. 때로 지역사회 이슈에 목소리를 내기도 하고, 역사와 전통에 대한 강좌를 열거나, 스스로 돈을 모아 축제를 열기도 한다. 이들은 통영이 단순히 구경이나 하러 오는 관광지나, 거리 곳곳에 예술가들의 흔적이 박제된 지난날의 예술 도시로 남기를 바라지 않는다.

"통영의 가치를 사람들은 음식이나 유명 관광지, 예술가에서 찾지만, 저희는 현재 통영에서 사는 사람들에 가치가 있다고 생각합니다. '통영스러움'이란 이미 만들어져 있는 게 아니라 우리가 만드는 지금 현재의 이야기가 아닐까요."

통영의 전통과 문화에 관심이 많은 이들을 통영의 '새로운 아-파'라고 해도 좋겠다. 새로운 아-파는 현실파의 현실 감각도 갖췄다. 통영만의 분위기와 문화를 적극적으로 생업에 활용하고 있기 때문이다. 이는 요즘 젊은 여행자들의 기호와도 잘 맞아떨어진다. 새로운 아-파의 등장으로 지금 통영에는 관광지도로는 알 수 없는 멋진 공간과 풍경들이 계속 생기고 있다. 통영의 골목들을 돌아다니는 일이 여전히 즐거운 이유다.

통영에서 이서후

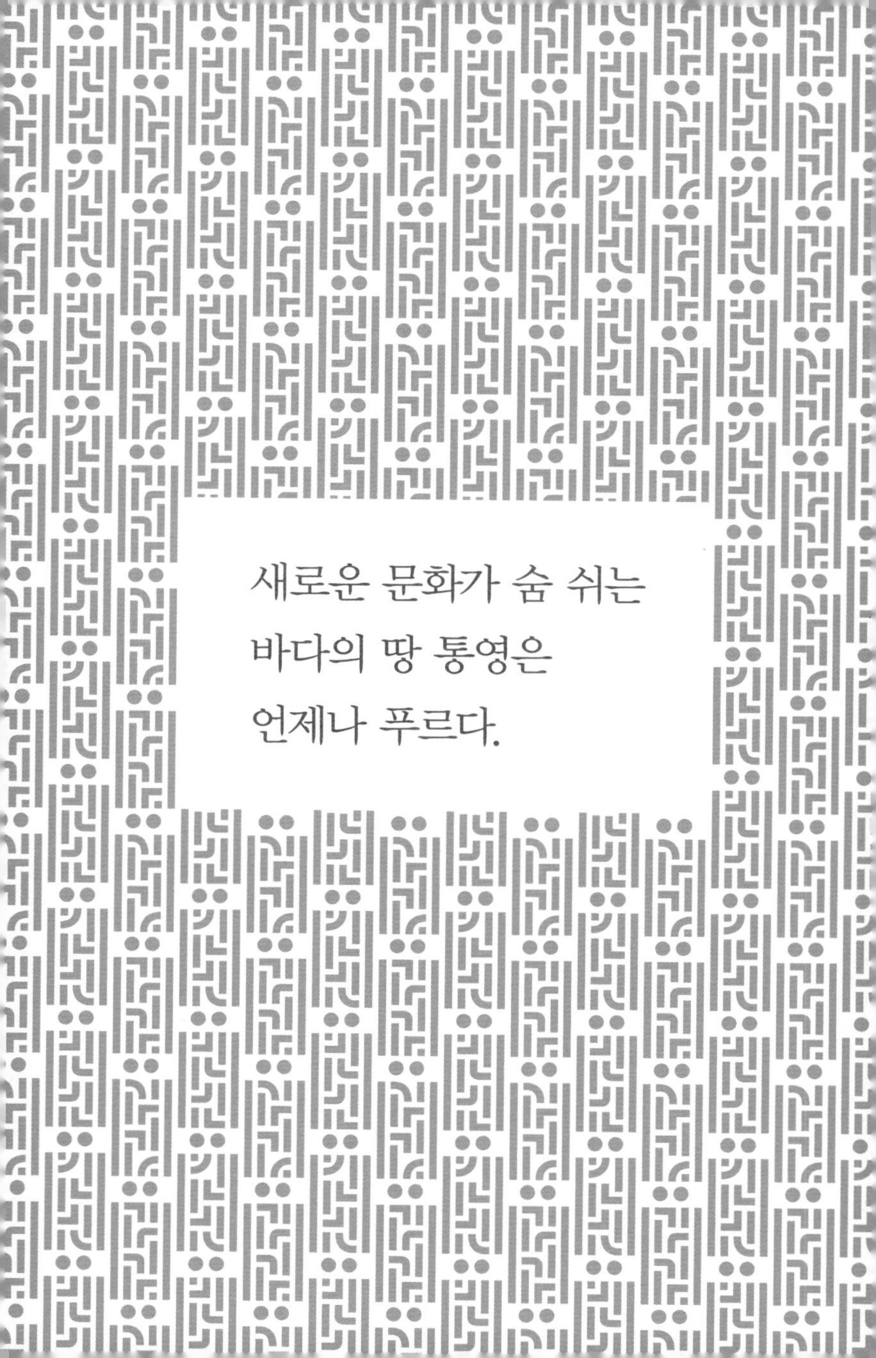

새로운 문화가 숨 쉬는
바다의 땅 통영은
언제나 푸르다.

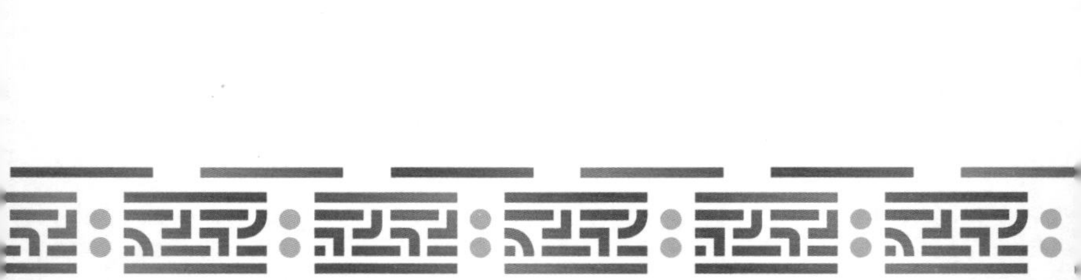

새롭게 피어나는 문화도시 통영

> 자다가도 일어나 바다로 가고 싶은 곳이다[1]
>
> — 「통영(統營)」 중에서

'통영'이라고 발음하면 왠지 파란색이 스며 나오는 것 같다. 잔잔한 바람에 반짝이는 짙푸른 바다를 그대로 소리로 담아낸 것 같은 지명이다. 통영시가 내세운 슬로건도 '바다의 땅(The Land of Sea)'이다. 애초에 바다가 아니었으면 지금 통영은 존재하지 않았을지도 모른다.

---

1 백석, 『백석 시전집』, 지만지, 2012.

바다가 된 땅, 섬이 된 산맥

통영은 남해안을 따라 이어지는 경남 해안선 중간 즈음에 있는 바닷가 도시다. 북쪽으로 고성군을 이고 있고 동쪽으로 거제시와 어깨를 나란히 한다. 서쪽으로 바다 건너 남해군을 바라보고 남쪽으로는 570여 개 섬이 흩어져 있다. 그 너머는 태평양으로 이어지는 망망대해다.

아주 오랜 옛날, 지금 통영 바다는 모두 땅(육지)이었다. 통영 주변 남해안의 복잡한 해안선과 수많은 섬은 사실 웅장한 산맥이었다. 한번 상상해보자. 한반도가 일본과 육지로 연결되어 있던 중생대 백악기, 당시 한반도에는 큰 호수가 몇 개 있었다. 호수의 물과 먹이를 찾아 전 세계에서 공룡들이 한반도로 몰려들었다.

지금 경상도 지역에도 거대한 호수가 있었다. 우리나라에서 유독 경남 지역에 공룡 발자국 화석이 많이 발견되는 것을 보면 이 호수가 한반도에서 가장 컸는지도 모른다. 통영에서 가까운 고성 상족암은 우리나라 최대 공룡 발자국 화석지다. 거제와 남해에도 공룡 화석이 있고, 통영에도 마찬가지다. 통영시 도산면 읍도 바닷가 바위의 선명한 공룡 발자국은 경상남도 문화재자료로 지정될 만큼 생태 연구 문화재로서 가치가 크다.

수많은 공룡이 돌아다니던 이 땅에 바닷물이 들어차면서 들쭉날쭉한 리아스식 해안을 만들었다. 리아스식 해안은 침강 해안이라고도 하는데, 가라앉은 땅이라는 뜻이다. 바닷속으로 가라앉은 웅장한 산맥은 통영 앞바다를 가득 채운 섬이 됐다.

통영 섬들은 거제 지심도에서 전남 여수 오동도에 이르는 한려해상국립공원의 일부다. 한려수도가 원래 통영 섬 한산도에서 여수에 이르는 물길이라는 뜻이니 통영 섬들이 그 중심이라고 보면 된다. 이 섬 중에 지금은 거의 육지처럼 여겨지는 미륵도는 제주도나 울릉도와 같은 작용으로 만들어진 화산섬이다. 연구자들은 미륵도를 제주도보다 더 일찍 생긴 섬으로 추정한다.

섬 곳곳에 남은 오랜 삶의 흔적들

수많은 섬과 리아스식 해안, 그리고 따뜻한 기후는 통영 바다를 수산 자원의 보고로 만들었다. 육지에 가까운 섬 주변은 수심이 10~20m 정도, 어느 정도 깊어도 50m를 크게 넘지 않아 바다 동식물이 살기에 좋다. 여기에 세계 최대 난

류인 쿠로시오해류가 통영 주변 바다를 지나며 연중 13℃~30℃ 사이 적당한 수온을 유지한다. 파도마저 잔잔하니 우리나라에서 어류가 가장 많이 사는 곳이 됐다.

물고기와 해초가 풍부하니 수렵, 채취하던 고대인들도 통영과 주변 지역에 모여 살았다. 통영 욕지도에 있는 조개더미(패총)는 기원전 5000년 신석기시대 초기부터 형성된 유적이다. 특히 이곳에서 발굴된 사람 머리뼈는 오랜 잠수 활동의 흔적이 남아있는 게 특징이다. 산양읍이나 봉평동 등 미륵도에 흩어진 고인돌(지석묘)은 청동기시대를 증명하는 흔적이다. 고인돌은 주로 바닷가 평지 주변에 있는데, 당시 사람들이 어느 정도 농사를 지었다는 걸 뜻한다. 언제든 물고기를 잡을 수 있는 바다가 있고, 좁긴 해도 농사지을 평지가 있었기에 소박한 농경이 이뤄지던 초기철기시대까지도 통영은 훌륭한 삶의 터전이었다.

하지만 대규모 농경시대가 시작되면서 통영 지역은 오랜 세월 이름 없는 변두리 어촌 신세를 벗어나지 못했다. 해안에 약간의 평지가 있을 뿐 섬 전체가 구릉지라 농사를 지을 넓은 땅이 없었기 때문이다. 바다에 수산물이 풍성하고 해안 언덕에서 밭농사를 지을 수 있었기에 사람은 계속 살았지만, 규모 있는 마을로 발전하기는 어려웠다. 그래서 삼한 시대부터 통영 지역은 고성 아니면 거제, 혹은 남해에 속한 변두리 어촌이었다.

조선 최초 군사계획도시 통제영의 탄생

1995년 충무시와 통영군이 통합해 통영시가 됐다. 충무는 이순신 장군의 호 충무공에서, 통영은 조선시대 수군 총본부인 삼도수군통제영에서 나온 이름이다. 임진왜란 중에 수군을 효율적으로 지휘, 통제하고자 만들어진 삼도수군통제영은 이후 300여 년간 조선 해군 총본부로서 중요한 위상을 누리게 된다. 전라도와 경상도를 오가던 통제영이 마지막으로 정착한 곳이 지금 통영 땅이다. 실질적인 통영 역사는 이렇게 삼도수군통제영과 함께 시작한다.

통제영이 생기기 전 통영은 두룡포(頭龍浦)라 불리던 어촌이었다. 바닷가 등성이 주변으로 띄엄띄엄 작은 집들이 모여 있었고, 주민들은 농사와 고기잡이를 겸하며 살았다. 청동기시대부터 이 땅에서 이어진 삶의 방식 그대로였다. 지금 통영 세병관 근처에 두룡포기사비(頭龍浦記事碑)란 비석이 있다. 이경준 통제사가 세운 것인데, 두룡포에 통제영을 세우게 된 과정을 기록했다. 통제영을 건설하기 전 두룡포 모습을 묘사한 부분을 보자.

> 한낱 소금기가 많아 농사도 지을 수 없는 바닷가 항구로, 여우와 토끼가 뛰놀던 잡초 우거진 언덕으로 몇천만 년 동안 몇천 몇백 사람들을 겪어오다가 …

두룡포가 역사에 본격적으로 등장한 건 임진왜란 때였

두룡포기사비 작은 바닷가 마을이었던 두룡포에 통제영이 세워진 과정이 기록되어 있어 바다의 도시 통영의 뿌리를 살필 수 있는 사적비다.

다. 한산대첩, 당포해전 등 통영 앞바다에서 중요한 전투가 많이 벌어졌기 때문이다.

임진왜란이 끝나고 7년 후 당시 제6대 이경준 삼도수군통제사는 새로 삼도수군통제영을 설치할 장소를 찾고 있었다. 충청도, 전라도, 경상도 해안을 다 뒤지던 그가 '여기다!' 하고 찾은 곳이 두룡포였다. 선조 임금의 허락이 떨어진 게 1604년 9월 9일이다. 조선 최초 군사계획도시였던 통영 역사는 사실상 이때부터가 시작이다. 일제강점기 일본인이 웅천군을 개발해 해군군사도시 진해를 만들었듯, 조선은 바닷가 마을 두룡포에 세병관 등 통제영 관아를 짓고 성을 쌓아 조선 최고 수군 기지를 건설했다.

통제영의 우두머리는 삼도수군통제사다. 통제사는 오늘날 도지사에 해당하는 관찰사나 절도사와 같은 관품이었다. 경상도 고성 땅에 속했지만 '고을 원님보다 높은 통제사 나리'가 다스리던 곳이 통영 땅이다. 통제영 시절 많은 병력과 전투선을 유지·관리하기 위해 엄청난 재정이 필요했다. 조선 조정은 특별히 경상, 전라, 충청 삼도 바다와 관련된 모든 세금을 통제영이 직접 거두어 쓰게 했다. 심지어 통제영은 화폐를 찍을 수 있는 권한도 있었다. 그러면서도 한양에서 먼 남쪽 바닷가 변방이었기에 필요한 물자를 스스로 마련해야 했다. 처음 두룡포 통제영 시대를 연 이경준 통제사는 전국에서 솜씨 좋은 장인들을 데려왔다. 이들은 공방에 소속되어 온갖 군수물자와 생활용품을 만들었다. 갓, 자개, 소반, 부채, 꽃신, 놋그릇, 소목, 장석 등 공예품은 조선은 물론 중국과 일본에 알려질 정도로 유명했다.

통제영 주민은 군인이거나 장인들 그리고 그 가족이었다. 성문 안은 군영이니 계급 구분이라도 있었지만 성 밖으로 나서면 반상 구분은 의미 없었다.

> 타관의 영락한 양반들이 이 고장을 찾을 때 통영 어구에 있는 죽림고개에서 갓을 벗어 나무에다 걸어놓고 들어온다고 한다. 그것은 통영에 와서 양반 행세를 해봤자 별 실속이 없다는 비유에서 온 말일 게다.[2]

무인의 호탕함과 장인들의 예술적 기질이 더해져 통제영 사람들은 자유분방하고 도전의식이 강했다. 언제 목숨을 앗

---

2 박경리, 『김약국의 딸들』, 마로니에북스, 2013.

아갈지 모르는 거친 바다를 삶의 터전으로 삼았기 때문이기도 했다. 통제영 시대 이후 대한제국 때와 일제강점기에도 이런 기질은 여전했다.

한국 대표 수산업 도시로 성장

> 인구가 4만 여. 항구도시로 시가의 중심지는 모두 일본 사람이 차지하고, 우리 민족들은 변두리에 살고 있었다. 여기서 3·1운동 때 격렬한 만세 운동이 펴졌고 많은 희생자를 내었다. 예수교가 일찍 들어왔고(호주선교회 구역) 그를 따라서 서양문화가 들어와, 민족정신도 일찍 깨었다. 이순신 장군의 전적지이기 때문에, 민족의 피에 줄기차게 깨끗한 정열이 생동하고 있었다.
>
> – 윤이상 '회수록' 중에서

일제강점기를 거치며 통영은 수산업 중심지가 된다. 수백 년 동안 남쪽 해안지역을 약탈한 경험으로 통영 바다의 풍성함을 알고 있던 일본인은 대한제국 시기부터 통영에 눈독을 들였다. 스멀스멀 우리 바다를 침투하더니, 1900년대 들어서는 아예 통영에 일본인 이주 어촌이 들어섰다.

일찍부터 개항해 선진 기술로 무장한 일본 어민들은 이른바 기업식 어획으로 통영 바다 물고기를 쓸어 담았다. 그리고 이를 마산항을 통해 중국에 팔아 큰 수익을 남겼다. 손재주 좋은 통제영 장인들의 후손인 통영 어민들은 어깨너머로 이 새로운 기술을 익혔다.

활발한 수산업 덕분에 통영은 일제강점기에도 다른 지역보다 부유했다. 일본과 왕래가 잦았으므로 선진 문물이 경성(서울)을 통하지 않고 직접 통영으로 들어오기도 했다. 부모의 부를 배경으로 경성이나 일본 동경으로 유학을 가는 젊은이도 많았다. 이들 중 상당수는 통제영 시절부터 물려받은 자유분방한 기질을 살려 예술가로 성장했다. 온갖 선진 문물을 접할 수 있고, 예술을 사랑하는 부유한 젊은이들이 많던 일제강점기 통영은 예술가들의 로망이기도 했다.

해방 후에도 통영 어민들은 수산 기술을 연구하고 개발하면서 우리나라 수산업 발전을 이끌었다. 1960년대 이후 통영 수산업은 양식 산업으로 활기를 띤다. 1970년대 한미패류위생협정이 체결되고 통영 주변 바다가 미국 식품의약청(FDA)으로부터 청정 해역으로 인정받는다. 통영산 양식 굴을 미국에 수출하기 시작하면서 통영 양식 산업의 입지도 확실해진다. 수산업이 제법 위축된 요즘에도 통영 양식 산업은 여전히 활발하다.

조선업과 관광업 전성시대

통제영 시절부터 통영 사람들은 배를 만들고 수리했다. 수군 본부였으니 당연하다. 거북선을 만들고 수리하던 솜씨는 현대에 이르러 조선업 활성화로 이어진다. 1970년대 삼성중공업 안정조선소 건설이 취소되면서 대형 조선소 유치는 실패했지만, 이후 통영에서 중소형 조선소들이 착실하게 성장했다. 21세기조선, 삼호조선, SLS조선 등 이른바 미륵도 조선 3사와 안정 공단에 자리 잡은 성동조선해양, SPP조선 등 통영 5대 조선소는 2006년 기준 세계 100대 조선소에 이름을 올리며 통영 경제 성장을 이끌었다. 덕분에 통영은 울산, 거제에 이어 국내 3위 조선 도시로 우뚝 섰다.

하지만 2008년 미국발 금융위기와 2009~2011년 유럽 재정위기로 시작된 조선업 불황으로 통영 조선업의 위세도 꺾이기 시작했다. 계속되는 위기를 버티지 못하고 2013년에 21세기조선과 삼호조선이, 2015년에는 신아조선이 폐업

하면서 통영 경제가 휘청휘청하기 시작한다.

통영에는 조선업만큼은 아니지만 관광산업이라는 훌륭한 버팀목이 있다. 1971년 경부고속도로 개통으로 전국 관광 시대가 열린다. 한려수도를 품은 통영이 주목받기 시작한 것도 이즈음이다. 이 해에 통영 도남동에 부산 경남 지역 최초 관광호텔인 충무호텔이 들어섰다. 박정희 대통령을 포함해 많은 사람들이 다녀가면서 유명세를 탔다. 이후 도남관광단지를 중심으로 통영 관광 역사에 획기적인 기획들이 잇달아 이뤄진다.

1995년 국내 최초 육·해상 종합휴양지 충무마리나리조트(현 금호통영마리나리조트)가 개장하고, 1997년에는 미륵도가 관광특구로 지정되었다. 또 2010년 도남동에 통영해양스포츠센터가 생기면서 통영은 국제적인 해양 스포츠 도시로 거듭났다. 지금도 이순신배 국제요트대회, 통영 ITU 트라이애슬론 월드컵대회가 도남관광단지에서 열린다. 여기에 1990년대 중반부터 2000년대까지 통영 시내 곳곳에 전혁림, 박경리, 윤이상, 유치환, 김춘수, 김상옥 등 통영 예술가들을 기리는 기념물과 시설들이 생겼다.

특히 2008년 미륵산 케이블카를 개통하면서 통영 관광

전성시대가 열린다. 덕분에 이 해 통영 관광객이 처음으로 500만을 넘어섰다. 그리고 매년 120~130만 명이 미륵산 케이블카를 찾으면서 대표적인 지역 관광 성공 사례가 되었다. 이후 전국 자치 단체들이 너도나도 관광 케이블카 조성에 뛰어들었다. 케이블카는 2016년 4월 누적 탑승객 1,000만 명을 달성하고, 2017년에는 한 해 탑승객 140만 7,181명으로 최고 기록을 세운다.

하지만 2018년부터 이용객 수가 줄고 있다. 이제는 통영 관광객 자체가 줄어드는 추세다. 사천이나 여수 같은 곳에

미륵산 케이블카 관광도시 통영의 전성기를 여는 데 결정적 역할을 했다. 이제 다른 지역에도 케이블카가 많이 생기고, 여행 문화가 변화하면서 통영 관광은 새로운 시대를 맞이하고 있다.

케이블카가 생긴 탓도 있지만, 전반적으로 여행 문화가 변하고 있기 때문이다.

새로운 문화예술 도시를 향해

지금 통영 관광도 세대교체를 겪고 있다. 언젠가부터 동피랑 관람객이 미륵산 케이블카 탑승객보다 많아졌다는 사실이 이를 증명한다. 이제는 관광보다 여행이라는 말이 더 어울리는 젊은 세대들이 통영을 많이 찾는다.

젊은 여행객들은 단체보다 개별 여행을 좋아하고, 대규모 관광 시설보다 인스타그램 같은 사회관계망서비스(SNS)로 아기자기한 카페와 술집, 감각적인 숙소를 찾아다닌다. 이런 시대에 맞게 새로운 감각을 갖춘 통영 젊은이들이 새로운 공간을 속속 열고 있다. 이들은 통영만의 문화예술 전통을 이으면서도 새로운 통영만의 문화를 열심히 만들고 있다.

통영은 이제 더는 관광도시가 아니다. 구석구석 새로움이 피어나는 문화도시다. 그러니 지금이야말로 구석구석 '진짜' 통영 여행을 즐길 때다.

01 서피랑

통영이 한눈에 보이는 서쪽 벼랑

피랑은 절벽, 벼랑을 뜻하는 통영 사투리다. 통영에는 비슷한 높이로 서로 마주 보는 두 피랑이 있다. 동피랑과 서피랑 그러니까 동쪽 벼랑과 서쪽 벼랑이다. 사실 벼랑이라기보다 언덕이라고 하는 게 정확하다. 통영의 수호신처럼 도심 좌우로 우뚝 솟아 있는 두 피랑은 예부터 통제영과 함께 통영 하면 빠질 수 없는 풍경이었다. 벽화마을로 유명한 동피랑과 달리 서피랑은 최근에야 여행자들의 관심을 끌고 있다.

통영을 바라보기에 서피랑만한 곳이 없다. 무엇보다 서피랑 정상을 향해 에돌아가는 산책로와 고즈넉한 경사 길이 마음에 든다. 정상에 가까워질수록 시야가 탁 트이며 사방으로 통영 도심이 한눈에 들어온다.

서피랑은 동피랑 벽화마을과 달리 공원으로 꾸며졌다. 2015년 서피랑 중턱에 개통된 일주도로는 낡고 오래된 집들을 거둬내고 만든 것이다. 이 도로를 한 바퀴 도는 것만으로도 통영 도심 대부분을 볼 수 있다. 일주도로 위로는 정상으로 가는 산책로가 있다. 물론 정상까지 수직으로 오르는 계단도 있지만 지그재그로 난 산책로를 따라 가면 완만한 경사가 많아 느긋이 걷는 맛이 난다.

세 누각이 만든 삼각형 속 통제영

산뜻한 기분으로 도착한 정상에는 '서포루'란 누각이 있다. 이 서포루에서 마주하는 풍경에 통영의 과거와 현재가 다

서포루 서피랑 정상에 서 있는 누각으로 이곳에 오르면 통영 시내뿐 아니라 바다 건너 미륵산까지 볼 수 있다.

서울대 규장각한국학연구원 제

조선 후기 통영 지도 북포루, 동포루, 서포루와 세 누각을 잇는 삼각형 모양의 통제영 성곽이 보인다.

담겨 있다. 강구안과 동피랑이 보이는 방향이 통영의 현재라고 하겠다. 여행자들이 가장 많이 찾는 곳이다. 강구안 너머에는 통영시민문화회관을 품고 있는 남망산이 있다. 오른쪽으로 통영항을 벗어나 저마다 섬으로 향하는 배와 바다가 보인다. 그 바다 건너로 보이는 땅이 미륵도다. 우뚝한 미륵산이 선명하다. 눈을 가늘게 뜨면 미륵산 정상으로 오르는 케이블카도 보인다.

동피랑 왼쪽으로 눈을 돌리면 높이 솟은 세병관과 함께 통제영 관아 건물들이 보인다. 통영의 과거다. 중심 건물인 세병관 말고는 다 복원한 건물이지만 들어앉은 모양새만으로도 옛 통제영의 늠름한 위용을 느낄 수 있다. 동피랑 정상에 누각이 하나 있다. '동포루'다. 이곳에서는 통영 도심을 서피랑과 다른 각도에서 바라볼 수 있다. 또 하나, 보통은 이곳까지 눈길을 주지 않는데 세병관 뒤편으로 솟은 여황산 정상의 '북포루'란 누각이다.

조선시대의 통영 지도를 보면 북포루, 동포루, 서포루가 성곽으로 이어져 있다. 이 세 누각을 연결하면 삼각형 모양인데, 그 한가운데에 세병관이 놓여 있다. 여황산과 동피랑, 서피랑을 잇는 성곽과 그 안으로 위풍당당했던 통제영 관아, 그 앞으로 오밀조밀 들어앉은 기와집과 초가집들을 상상해보자. 그곳이 바로 통영이란 이름이 유래한 조선시대의 해군본부, 삼도수군통제영이다.

뚝지먼당과 뚝제 전통

멀리 보냈던 시선을 거두고 서피랑 북쪽 자락을 보면 땅속에 몸을 감추고 지붕만 드러낸 건물이 있다. '통영 문화동 배수시설'이라 불리는 근대문화유산이다. 일제강점기인 1933년에 만들어졌다. 당시로서는 최첨단 상수도시설이었다. 배

통영 문화동 배수시설 1933년 일제가 통제영 장군기를 모신 뚝소를 허물고 그 자리에 만든 것으로 당시로서는 최첨단 상수도시설이다.

수시설이 있던 자리는 원래 통영 사람들이 '뚝지먼당'이라 부르던 곳이었다.

뚝지는 통제영이 처음 생길 때부터 이어진 뚝제의 와전으로 정확하게는 둑제(纛祭)다. 이는 고려나 조선시대 군대 행렬에서 가장 앞에 선 대장기 '둑'을 향해 지내는 제사다. 국가의 군사권을 상징하는 행사로 무신들이 주관했다. 둑은 보통 큰 삼지창에 소의 꼬리털을 풍성하게 매달아 만든다. 전쟁의 신 치우천왕을 상징하는 모양이다. 둑제는 환국, 배달, 단군조선, 고구려, 고려, 조선으로 이어져 한민족의 정통성을 되새기는 일이기도 했다.

통제영은 조선 수군 본부 직속 관할령이었으니 뚝제는 가장 중요한 행사였을 것이다. 통영에서는 삼도수군통제영이 주관해 봄과 가을 각각 3일간 뚝제를 벌였다. 엄숙히 진행되는 행사였으나 주민들은 마을축제처럼 여겼다.

뚝제 전통은 일제강점기를 거치며 사라졌다. 일제는 민족혼을 말살하려는 뜻에서 뚝소가 있던 자리에 배수시설을 지었다. 그래서일까. 지금도 배수시설을 보면 무언가가 심술궂고 고집 세게 틀어앉아 있는 느낌이다.

소설가 박경리가 살았던 명정동

배수시설 담장 아래, 서피랑 기슭에 깊숙하게 박힌 집들에서 시작되는 동네가 명정동이다. 지금은 오래되고 낡아 보여도 이곳은 근현대 통영의 번화가였다. 서피랑 언덕을 내려오면 소설가 박경리의 생가가 있는 동네로 들어선다. 길옆으로 이어진 배수로 담장에 박경리 선생의 말씀이 적혀 있다.

> 자연은 인성을 풍요롭게 하고 감성을 길러주는 교사입니다. …… 오늘날 자연은 더 이상, 물질이지 생명이 아닙니다. 흙 한 줌 나무 한 그루도 생명이고 나와 같은 것으로 보아야 하는데 말입니다.

매번 이 문장 앞에서 잠시 머물게 된다. 문장이 주는 메시지도 좋지만, 배수로 담장의 낡은 질감과 하얀 글씨, 담장 위로 펼쳐진 파란 하늘이 주는 선명한 대조에 눈이 즐겁다. 동네에서 처음 만나는 골목으로 들어가면 박경리 생가가 나온다. 골목 입구, 푸른 담장에 흰 글씨로 선생의 시 「축복받은 사람들」이 적혀 있어 금방 찾을 수 있다. 아기자기하고 오랜 주택가의 분위기는 '사랑은 가난한 사람이 한다'는 시 구절과도 잘 어울린다.

통영시 문화동 328-1. 박경리 선생이 태어난 집이 있던 자리다. 지금은 붉은 벽돌로 지은 일반 가정집이 있을 뿐 진짜 '박경리 생가'는 없다. 대신 담 한편에 박경리 선생이 태어난 집임을 알리는 작은 안내판 하나가 붙어 있다.

박경리 생가 자리를 지나 짧은 오르막을 오르면 서문고개다. 서문고개는 통제영 사대문 중 하나인 서문이 있던 고개다. 통영 사람들의 삶과 오랫동안 함께 해온 장소다. 소설 『김약국의 딸들』에도 서문고개가 등장한다.

> 가자, 죽으나 사나 가야제, 한실댁은 코를 풀고 멍멍한 소리로 말하며 마당으로 내려와 용란의 손을 잡았다. 어두운 골목을 빠져나와 그들은 서문고개를 넘는다.[3]

이제는 복원한 성곽 일부와 안내판이 남아 있을 뿐이다. 외진 곳이라 여기까지 오는 관광객도 잘 없다. 언젠가 몸이

---

3 박경리, 『김약국의 딸들』, 마로니에북스, 2013.

불편하신 어르신 한 분을 도와 서문고개를 오른 적이 있다. 성곽 바로 앞집에 사시는 분이셨다. 어르신은 고맙다는 인사를 남기고 대문 안으로 천천히 걸어 들어가셨다. 해가 기울어 노릇해진 햇살 아래 한 생애가 가만히 저물어 가는 모습이 어딘가 서문고개와 닮았다는 생각이 들었다.

02 서피랑 99계단

서피랑을 새롭게 만드는 사람들

서피랑 99계단은 서피랑 공원과 서포루에 오르는 여러 길 중에서 관광객에게 가장 인기 있는 곳이다. 요즘 서피랑에 간다는 말은 서피랑 99계단에 간다는 말과 거의 같다. 서피랑은 동피랑 벽화마을과 달리 공원으로 꾸며졌지만, 알록달록 칠해진 서피랑 99계단만은 동피랑을 닮았다.

아흔아홉 칸이나 되는 긴 계단은 통영의 어느 동네에서도 볼 수 없는 명소다. '이중섭의 눈' 같은 다큐멘터리 영화나 드라마는 물론이고 유명한 예능 프로그램에서도 이곳을 찾아와 촬영을 했다. 서피랑 99계단을 찾은 여행자들은 계단을 배경으로 멋진 기념사진을 건져보려 열심이다.

야마골로 가던 길에 깔린 레드카펫

서피랑 99계단은 지금은 사라진 야마골로 가는 길이었다. 야마골은 계단의 아래 끝에서 서피랑 정상 부근까지 이어져 있던 집창촌이다. 한국전쟁 때 통영에 군대가 주둔하면서 형성됐다. 야마골은 통영에서 수산업이 활발하던 1960년대부터 1980년대 초까지 번창했는데, 당시 통영의 왕성한 경제력을 음지에서 증명하던 곳이다. 단속이 계속되고 손님도 뜸해지자 자연스레 하나둘 집창촌을 떠났고 2003년에 완전히 철거됐다.

2007년 동피랑이 벽화마을로 변신할 동안 서피랑은 폐허와 잡초에 덮여 있었다. 그러다 2013년 서피랑이 있는 명정동에서 마을 만들기 사업을 진행하면서 변화가 시작됐다. 현재는 정년퇴직한 김용우 동장이 명정동에 부임하면서 일어난 일들이다. 동피랑 벽화마을을 만들어 낸 '푸른통영21추진협의회'도 함께했다.

푸른통영21추진협의회는 99계단이 야마골로 가는 길이었다는 역사적 사실에 주목했다. 계단 한가운데를 붉은색으로 널찍하게 칠하고, 난간에는 박경리 선생의 시를 붙였다. 야마골 여성들의 애환이 서린 계단에 새로 레드카펫을 깔아

서피랑 99계단 2019년 명정동주민자치위원회가 주최한 서피랑 리뉴얼 공모에 선정된 통영미술청년작가회의는 박경리 소설 『김약국의 딸들』을 주제로 계단을 새단장했다.

희망을 향해 나아가는 곳이 되자는 취지였다.

뜻밖의 반발도 있었다. 통영에 자랑스러운 문화유산이 많은데 하필이면 집창촌이었던 곳을 꾸미려 한다며 몇몇 주민들이 불만을 토로했다. 야마골은 후손들이 몰라도 되는 곳, 굳이 들춰낼 필요가 없는 부끄러운 곳이라는 이유였다.

2013년 10월의 마지막 날, 서피랑 99계단을 꾸미고 첫 행사 '몸빼 패션쇼'가 열렸다. 서피랑에 사시는 어머니들이 몸빼를 입고 패션쇼에 참가했다. 몸빼 패션쇼는 앞선 불만과 걱정을 단숨에 날려버렸다. 가슴 뭉클하기까지 했던 이 행사는 서피랑 99계단이 새롭게 태어났음을 성공적으로 알렸다.

서피랑 문화를 일구는 사람들

99계단을 오르면 서피랑 일주도로로 이어진다. 이 도로까지 올라가지 않고 비탈에 난 길을 따라가면 피아노 계단과 200년 된 후박나무, 유채·코스모스 동산과 서피랑 목장이 나타난다. 항남동과 서호동의 경계를 이루는 벼랑 위의 고지대로 이 일대를 서호벼락당이라 부른다.

1999년 8월 집중호우로 서호벼락당의 비탈이 무너지며

일가족이 파묻히는 참사가 일어났다. 참사 이후 사람들은 이곳을 꺼렸고 결국 서호벼락당은 쓰레기와 잡초로 무성한 곳이 되었다. 그랬던 서호벼락당을 유채와 코스모스로 가득한 동산으로 바꾼 사람이 김용우 동장이었다. 그는 명정동주민자치위원회와 함께 벼락당 아래 언덕을 활용해 서피랑목장을 만들었다. 이 목장에는 사슴도 산다. 한때 이벤트처럼 데려다 놓은 사슴이 아닐까 싶었지만, 지금도 가만히 살펴보면 울타리 안 사슴을 볼 수 있다.

서피랑 99계단이 변하면서 이곳에 자리를 잡고 서피랑 문화를 일구는 사람들도 조금씩 늘고 있다. 대표적인 사람이 자칭 '서피랑지기' 이장원 씨다. 원래 창원을 중심으로 문화 사업을 하던 그는 통영에 사는 누나의 전화를 받고 2015년 운명처럼 통영을 찾았다가 서피랑에 정착했다. 지금은 통영에서 문화해설사와 문화기획자로 또 서피랑 전도사로 활발하게 활동하고 있다.

야마골의 역사나 박경리 선생의 소설로 이야기하지 않더라도 99계단은 그대로 멋진 곳이다. 계단에 앉으면 서피랑 정상에서 보는 것과는 또 다른 통영이 보인다. 어린 날 박경리 선생이 계단에 앉아 보았을 이 풍경은 야마골 집창촌 여성들이 손님을 기다리며 내다봤을 풍경으로, 이제는 99계단의 매력에 이끌려 이곳을 찾은 관광객들이 보는 풍경으로 이어진다.

서피랑 어르신들의 웃는 얼굴

서피랑 입구를 지나 충렬사 앞까지 이어지는 충렬로를 따라 천천히 걷는다. 거리 곳곳에 동네 어르신들의 웃는 사진이 걸려 있다. 2014년 명정동주민센터에서 서피랑 99계단을 꾸밀 때 함께 만든 것이다. 경로잔치 때 찍은 동네 어르신들의 웃는 얼굴과 이야기가 담겨 있다. 50여 점을 설치했다는데, 지금은 그 정도로 많이 보이지는 않는다. 이 중에는 돌아가신 분도 계실 것이다.

"올해 7학년 1반이다. 내는 바느질을 잘한다. 누비도 하고, 젊었을 적에는 양장점 학원에 댕기기도 했다. 아가씨 때 꿈은 간호사나 학교 선생님이 되보는 기 소원이었는데 없이 살다보이 뜻대로 안 되더라. 원래 고향은 사천 정동면인데 시집와서 명정동에 산 지는 사십 년이 넘었다. 할배는 산양읍 둔전이 고향이다. 선을 보고 나서 할아버지 웃는 얼굴이 좋아 보이서 다른 자리 마다하고 할배랑 결혼했다. 할배는 젊은 시절에 천일철공소를 했는데 병이 나서 25년을 일나지를 몬 한다. 쌀장사, 상가 청소, 오만 고생을 함서로 사니라고 마이 힘들었제."

이 이야기의 주인공은 장군자 할머니다. 사진 속 웃는 얼굴에서는 알 수 없는 눈물겨운 삶을 살아오셨다.

통영에서 제일 유명한 떡볶이집

동네 어르신들의 이야기를 따라 충렬로 주변을 한 바퀴 돌고 나니 '서피랑 떡복기집' 앞이다.

"니 얼마 있노? 니는? 그라믄 3,000원 되겠다."

하굣길인 듯 책가방을 멘 초등학교 아이 세 명이 이렇게 상의를 하고서야 가게 안으로 들어간다. 영락없이 동네 떡볶이집이다.

"혼자예요? 3,000원치만 줄까요? 배고프면 4,000원치 먹어도 되고."

할머니는 익숙한 손놀림으로 닭튀김, 김말이튀김, 순대튀김, 만두튀김을 한두 개씩 가위로 싹둑싹둑 잘라서 접시에 담는다. 양념이 걸쭉하게 끓는 솥에서 국물 떡볶이를 푸짐하게 떠서 그 위에 끼얹는다. 마지막에 채 썬 고추를 솔솔

뿌리면 끝! 겨우 생긴 빈자리에 앉아 떡볶이를 하나 집어 드니 바로 다른 손님이 들어온다.

"5명 자리가 될까요? 우리 여기 떡볶이 먹으려고 하동에서 왔어요."

당장 자리가 없다니 밖에서 기다리겠단다. 서피랑 99계단 입구 건너편에 있는 작은 분식집 서피랑 떡복기집에서는 흔히 있는 일이다. 구멍가게 같은 곳이지만 피아니스트 조성진도 맛보았다는, 지금 통영에서 가장 유명한 떡볶이집이다. 여행객이 적은 평일에도 자리가 잘 없다. 주말이면 멀리서 온 이들이 반드시 이곳 떡볶이 맛을 보고야 말겠다는 표정으로 식당 앞에 진을 치고 있다. 이런 유명세 덕에 몇 번이나 방송에 출연한 주인 할머니는 항상 특별한 비법 같은 건 없다고 말한다.

"그 맛이 그 맛인데, 서피랑 새로 꾸미고 나서 자꾸 손님이 오더라고."

먹어 본 이들은 여지없이 옛날 학교 앞 분식집 떡볶이 맛이라고 말한다. 굳이 비법을 찾는다면 음식을 만드는 할머니의 정직함이겠다. 통영에는 마음에 드는 떡이 없어 부산에서 가져올 정도로 재료에도 신경을 쓰시고, 튀김도 매일

서피랑 떡복기집 통영시의 지원으로 지금은 가게 외관이 깔끔해졌다. 특별한 비법이랄 게 없는 동네 떡볶이집이지만, 할머니가 직접 만든 튀김과 국물 떡볶이를 맛보려고 사람들이 줄을 선다.

직접 튀기신다. 닭튀김이나 순대튀김은 다른 데서는 보기 어려운 이 집만의 특별 메뉴다. 김말이튀김에는 당면이 꽉 차 있어 씹는 맛이 좋다. 튀김과 떡볶이를 함께 먹어야 제맛이다. 따로 주문하지 않으면 알아서 적당히 섞어서 준다.

할머니는 고향이 서울인데 젊은 시절 이리저리 옮겨 다니며 고생을 많이 하셨다. 통영에 정착해 간판도 없는 노점으로 떡볶이 장사를 시작했다. 근처에 변전소가 있어 변전소 떡볶이로 불렸다. 텃세가 심해 경찰서에 끌려가는 등 서러운 시절을 보냈다. 이렇게 꿋꿋하게 버틴 시간이 쌓여 벌써 40년이 넘었다. 원래도 동네 주민들이 자주 찾는 곳이었는데 서피랑이 알려지고 관광객들이 찾아들면서 소문이 나기 시작했다.

통영시의 지원으로 가게 외관도 새로 꾸몄다. 내부는 예나 지금이나 조그만 테이블 3개가 전부다. 10명만 들어가도 꽉 차는 것 또한 여전하다. 일흔 중반인 할머니는 이제 주름 가득한 얼굴이시지만 얼굴빛은 여전히 맑고, 무심한 듯 친절하신 태도 역시 한결같다. 기다리는 사람이 많은데, 혼자 앉아 있기 미안해 후다닥 떡볶이 한 그릇을 해치우고 일어난다.

더 보기 : 99계단 주변

- **서피랑 공작소** : 99계단 입구에 있는 화려하게 단장한 낡은 집이다. 한때 '서피랑지기' 이장원 씨가 살기도 했으나 지금은 서피랑 본부처럼 쓰인다. 처음 99계단을 꾸밀 때 예술가들의 임시 작업실로 쓰다 계속 비어 있던 집을 장원 씨가 들어와 새롭게 바꾸었다. 서피랑공작소가 문을 열고 얼마 지나지 않아 기다렸다는 듯이 서피랑 99계단은 촬영 장소로 인기를 끌었다.
- **나전 카페 '새미'** : 서피랑 떡복기집 앞에서 바로 보이는 골목 안으로 들어가면 새미라는 나전 카페가 있다. 통영의 나전칠기를 콘셉트로 오래된 가정집을 개조해 만든 카페다. 청년창업지원을 받아 2019년 3월 문을 연 이곳은 대문 앞 작은 입간판까지 나전칠기로 만들었다. 실내도 나전칠기로 가득하다. 장롱의 큰 문짝으로 벽을 장식했고 자개장의 작은 문짝은 액자로 활용했다. 거실의 창을 활짝 열면 동백나무 몇 그루가 심어져 있으니 동백이 피는 봄, 비 오는 날에 찾으면 더할 나위 없겠다.
- **전기불터** : 서피랑 어르신들의 사진을 따라가다 보면 '전기불터'라고 적힌 비석을 만난다. 1917년 10월 25일 통영전기주식회사가 설립되어 이 고장에 처음으로 전기를 발전해 공급했던 곳이라고 적혀 있다. 비석 바로 뒤 건물은 원래 한전 숙소로 쓰였는데 지금은 통영시 청년들의 활동을 지원하는 센터 '통영청년세움'이 들어섰다. 경남에서 제일 먼저 전기가 들어온 동네가 명정동이란 말도 있는데, 정확한 고증이 없어 공식적인 것은 아니지만 그만큼 일제강점기에 통영이 얼마나 앞서가던 도시였는지를 보여준다.

03 박경리 문학동네

『김약국의 딸들』이 펼쳐지는 소설 속 동네

"병원 갔다 옵니꺼?"

"어, 그러네."

동네 어르신들이 나누는 인사가 정겹다.

"안녕하세요!"

책가방을 멘 남자아이가 지나가다 불쑥 고개를 들이민다. 그 뒤로 자동차가 지나가고, 동네 할머니가 지나가고, 한 무리의 아이들이 또 우르르 지나간다. 통영시 명정동에 있는 독립서점 '삐삐책방'에서 내다본 정겨운 풍경이다. 책방 주인 박정하 씨는 이렇게 계절마다 사람들의 옷차림이 달라지는 것을, 책방 앞 가로수 은행나무의 잎이 연두색에서 녹색, 녹색에서 다시 노란색으로 변하는 모습을 본다.

그림책이 가득한 삐삐책방

삐삐책방은 2018년 7월에 문을 연 조그만 동네 서점이다. 충렬사 앞 도로변으로 오래되고 조그만 상가들이 이어져 있는데, 책방은 인력사무소와 미용실 사이에 있다. 커다란 간판이 없으니 언뜻 그냥 지나칠 수도 있다.

삐삐책방은 부산에서 온 박정하 씨가 통영에서 두 번째로 연 독립서점이다. 첫 번째는 2017년 12월 서피랑 근처 '한옥스테이 잊음'의 내부에 만들었던 책방 '그리고 당신의 이야기'였다. 이 책방에서 정하 씨는 손님들과 마주 앉아 도란도란 이야기를 나누고 그들에게 적당한 책을 추천하곤 했다. 그리고 아이들을 모아 그림책을 읽어줬다.

그러나 한옥스테이 안에 있던 책방이라 다른 공간에 얹혀 있다는 느낌이 있었다. 또 '그리고 당신의 이야기'는 혼자가 아니라 여럿이서 운영하는 책방이었다. 정하 씨는 오롯이 자기만의 방식으로 책방을 운영하고 싶었다. 그가 삐삐책방을 연 이유다. 삐삐책방은 책장의 절반을 그림책으로 채웠다. 정하 씨가 선생님을 꿈꾸기도 했지만 무엇보다 자신이 그림책을 무척 좋아하기 때문이다. 통영에 오기 전에는 부산 어린이 전문 서점에서 그림책 읽어주는 선생님을 했었다.

삐삐책방의 이름은 스웨덴 작가 아스트리드 린드그렌(Astrid Lindgren)이 지은『내 이름은 삐삐 롱스타킹』의 주인공 삐삐에서 나왔다. 정하 씨는 이 책에 푹 빠져 직접 스웨덴을 찾아가기도 했다. 삐삐책방은 통영에서 몇 안 되는 오프라인 서점이자, 아기자기한 매력이 있는 독립서점이다. 어른 너덧 명만 들어서도 비좁은 책방이지만, 안쪽에 앙증맞은 독서 공간도 따로 있고 간단한 음료도 주문해 마실 수 있다. 책방 뒤편 작은 싱크대에서 조심조심 음료를 만들어 오

삐삐책방 말괄량이 삐삐를 좋아하는 박정하 씨가 2018년 7월에 문을 연 책방이다. 내부에는 다양한 분야의 단행본뿐만 아니라 그림책도 가득하다.

는 정하 씨의 모습에서 정성이 느껴진다.

삐삐책방은 제법 이름이 알려져 관광객도 심심찮게 오고, 시 모임이나 북토크 같은 조촐한 행사도 자주 열었으나, 안타깝게도 2020년 6월에 문을 닫았다. 전국에서 손님이 찾아오곤 하던 책방이었는데 정말 아쉽다.

소설 속 글귀가 가득한 문학동네

삐삐책방을 나서 마주 보이는 동네로 들어선다. 서피랑과 충렬사 사이에 있는 이 낡은 동네는 명정동에 속하지만, 특별히 '서피랑 문학동네' 혹은 '박경리 문학동네'로 불린다. 동네 위쪽이 바로 서피랑이라 소설가 박경리 생가와 가깝기도 하고, 박경리의 장편소설 『김약국의 딸들』이 이곳을 주 배경으로 펼쳐지기 때문이다.

문학동네 골목 구석구석마다 박경리 선생의 작품 속 글귀가 눈에 띈다. 시간이 지나며 글귀가 적힌 담장마저 낡아 운치를 더한다. 박경리 선생의 미완성 소설 『나비야 청산가자』(대하소설 『토지』 다음 소설로 2003년부터 〈현대문학〉에서 연재를 시작했지만 선생의 건강이 나빠지면서 미완으로 남은 작품)의 일부가 적힌 담벼락이 동네의 중심이다. 문학동네는 박경리 선생의 소설 속 문구가 아니더라도 저마다 이야기 한 꼭지씩은 품었을 법한 오래된 집과 골목들을 돌아보는 재미가 크다. 서피랑으로 향하는 작은 계단과 어느 낡고 낮은 집의 퇴색한 나무 창틀을 발견하는 즐거움이 있다.

하동집 사랑채에서 한옥스테이로

삐삐책방의 정하 씨가 처음 책방을 열었던 한옥스테이 잊음이 이 동네에 있다. 잊음은 옛날 통영 4대 부잣집 중 한 곳이었다는 하동집의 사랑채였다. 하동집은 『김약국의 딸들』에서 악역 정국주의 어머니 하동댁이 살던 집이다. 이 집은 실제로도 하동집이라 불렸다. 옛 통영 사람들에겐 '박부잣집'이 더 친숙할 테다. 하동집은 원래 기와집 4채가 'ㅁ'자를 이루고 있었다. 세월이 지나 두 채는 현대 주택이 되고 지금은 본채와 사랑채만 남았다. 본채는 일부를 새로 지어 '서피랑 와옥'이란 한옥 펜션으로 쓰인다. 남은 사랑채는 원형을 최대한 보존하며 수리해 한옥스테이 잊음이 됐다.

하동집 사랑채는 통영의 근현대 문화사에서도 의미 있는 곳이다. 광복 직후 건국준비위원회 회의장으로 몇 번 쓰이기도 했고, 통영 현대 예술 1세대인 작곡가 윤이상, 화가

한옥스테이 잊음 통영의 4대 부잣집 중 한 곳이었다는 하동집의 사랑채를 보존, 수리해 만든 숙소다. '오롯이 당신 마음에 귀 기울일 수 있는 공간'을 지향하며 독채로만 예약을 받아 운영한다.

전혁림, 시인 유치환·김춘수 같은 이들이 통영문화협회란 이름 아래 이곳에 자주 모였었다. 사랑채에 살았던 제옥례(1915~2015) 할머니도 빼놓을 수 없다. 할머니는 조선시대 통제사에게 올리던 멍게비빔밥, 개조개유곽 같은 '통제사 음식'의 전수자이면서 말년에는 수필가로 활동하며 통영 예총의 회장까지 맡으셨던 분이다.

‘핍박받는 자의 울타리’ 공덕귀 생가터

문학동네 골목을 돌아다니다 보면 공덕귀 여사 생가터 표지석을 만난다. 공 여사는 5·16 군사쿠데타로 물러난 우리나라 4대 대통령 윤보선의 부인이다. 공 여사는 영부인이기보다 ‘핍박받는 자의 울타리’로 불리던 사회운동가에 더 가까웠다. 서울특별시장이던 윤보선과 결혼하기 전까지 기독교 신학자이자 교육자, 사회사업가로 살았다.

남편이 대통령에서 물러나고 옥살이까지 하던 박정희 군사정권 시절에는 인권운동과 민주화운동에 열심히 참여했다. 단순히 어느 단체에 이름을 올리는 정도가 아니라 한국교회여성연합회 초대 인권위원장 및 구속자가족협의회의 회장으로 활동했고, 여성노동자들의 생존권 투쟁을 지원하며 방림방적체불임금대책위원회 위원장을 지냈다. 또한 동일방직사건긴급대책위원회 위원, YH대책위원회 위원을 맡았다. 여기에 예수교장로회 여전도회 전국연합회 부회장, 한국교회여성연합회 회장, 한국기독교 100주년기념사업협의회 여성분과 위원장, 교회일치여성협의회 초대 회장을 지내는 등 한국 기독교 근현대사에도 중요한 자취를 남겼다.

공덕귀 여사 생가터 표지석을 보고 있자니 문득 개 짖는 소리가 요란하다. 담장 위로 슬쩍 고개를 들이대니 필사적으로 꼬리를 흔든다. 인적이 드무니 그만큼 심심할 것이다. 부잣집까지 들어서 왁자했던 옛날이나 낡아서 한산해진 지금이나, 묵묵히 세월을 견디는 이 골목에서 어느 위대한 여성의 일대기를 가만히 떠올려 본다.

04 정당샘

동네 주민들의 사랑방이던 우물가

통영 충렬사 앞에 있는 정당샘은 통영 사람들이 정당새미라 부르는 곳이다. 어느 날 우연히 이곳에 갔다가 공간의 분위기에 반하고 말았다. 주변보다 한참 낮은 곳에 있어 길가에서는 눈에 잘 띄지 않는다. 또 입구가 남의 집으로 들어가는 모양새라 모르는 사람은 선뜻 발을 들이기가 쉽지 않다.

일단 안으로 내려가면 갑자기 다른 세상에 들어온 듯 묘한 느낌이다. 바로 앞이 충렬사 광장 교차로라 자동차들이 지나는 소리가 제법 시끄러운데, 정당샘에 있으면 그 소리가 아득히 먼 곳에서 들리는 듯하다. 둘러싼 담장이 높아 가만히 하늘을 보기에도 좋다.

조선 중기에 만들어진 명정

정당샘의 정당(正堂)은 옛 주민들이 충렬사를 부르던 다른 이름이다. 정당샘에는 명정이라 불리는 쌍둥이 우물이 있다. 조선 중기에 판 것인데, 이름이 각각 일정(日井)과 월정(月井)이다. 일(日)과 월(月)을 합하면 밝을 명(明)이 되기에 둘을 합해 명정(明井)이라고 한다. 명정은 경상남도 기념물 제273호로 지정된 문화재다.

한 자리에 우물을 두 개나 판 것이 신기하다. 처음에는 우물을 하나만 팠더니 물이 탁하고 양도 적었단다. 그 옆에

정당샘 이순신 장군의 향사를 지낼 때 쓰였던 일정과 마을 주민들이 사용했던 월정, 그리고 동네 사람들의 빨래터였던 수로가 한눈에 보인다.

하나를 더 팠더니 비로소 맑은 물이 콸콸 나왔다고 한다. 같은 물일 테지만 일정은 충렬사에서 이순신 장군의 향사를 지낼 때만 쓰고, 마을 주민들은 월정의 물을 썼다. 소설가 박경리는 『김약국의 딸들』에서 옛 정당샘의 풍경을 이렇게 묘사했다.

> 충렬사에 이르는 길 양켠에는 아름드리 동백나무가 줄을 지어 서 있고, 아지랑이가 감도는 봄날 핏빛 같은 꽃을 피운다. 그 길 연변에 명정골 우물이 부부처럼 두 개가 나란히 있었다. 음력 이월 풍신제를 올릴 무렵이면 고을 안의 젊은 각시, 처녀들이 정화수를 길어내느라고 밤이 지새도록 지분 내음을 풍기며 득실거린다.[4]

동네 주민들의 빨래터였던 수로

정당샘에는 해가 참 잘 든다. 이렇게 해가 잘 들어야 명정에서 맑은 물이 계속 나온다. 우물 위 안내판에는 이렇게 적혀 있다.

---

4 박경리, 『김약국의 딸들』, 마로니에북스, 2013.

한때 일정, 월정을 합하여 팔각정으로 개축하였더니 돌림병이 발생하는 이변이 생겨 팔각정을 허물고 명정으로 복원하였다. 이 샘은 햇빛을 받지 아니하면 물이 흐려지므로 지붕을 세우지 못하고 있다. 오랜 가뭄에도 물이 줄어들지 아니하므로 몇 년 전만 해도 주민의 주요 식수원이 되어 왔었다.

두 우물 옆으로 제법 널찍한 수로가 있다. 비교적 최근까지도 이 수로는 동네 빨래터였다. 정당새미는 아낙들이 모여 왁자하게 이런저런 소식을 나누던 사랑방이었다. 빨래터 노릇을 하지 않는 지금은 찾는 이가 거의 없다. 하지만 명정에서는 맑은 물이 여전히 풍성하게 흘러나온다.

백석이 주저앉아 울었던 돌계단

정당샘, 즉 명정이 있는 동네가 명정동이다. 명정이란 상징물이 있어 조선시대부터 명정골, 명정리 등으로 불렸다. 이 명정골에 일제강점기 걸출한 모던보이였던 시인 백석이 좋아했던 '란'이란 여성이 살았다.

산 너머로 가는 길 돌각담에 갸웃하는 처녀는 금이라는 이 같고 / 내가 들은 마산 객주집의 어린 딸은 난이라는 이 같고 / 난이라는 이는 명정골에 산다든데 / 명정골은 산을 넘어 동백나무 푸르른 감로 같은 물이 솟는 명정 샘이 있는 마을인데 / 샘터엔 오구작작 물을 긷는 처녀며 새악시들 가운데 내가 좋아하는 그이가 있을 것만 같고 / 내가 좋아하는 그이는 푸른 가지 붉게붉게 동백꽃 피는 철엔 타관 시집을 갈 것만 같은데[5]

— 「통영 2」 중에서

란을 백석에게 소개한 이가 절친한 신중현이었다. 결국 신중현이 란과 결혼해 백석은 깊은 슬픔에 빠져 통영을 몇 번이나 찾았다. 그러나 이 이야기는 그저 백석이 당대 유명인이었기에 뒤따르던 소문일 뿐이라는 말도 있다. 「통영 2」란 시는 이렇게 끝난다.

녯 장수 모신 낡은 사당의 돌층계에 주저앉어서 나는 이 저녁 울듯 울듯 한산도 바다에 뱃사공이 되어가며 / 녕 낮은 집 담 낮은 집 마당만 높은 집에서 열나흘 달을 업고 손

충렬사 돌계단 시인 백석은 좋아하던 란을 만나지 못해 낮술을 하고 이 돌계단에 주저앉아 시를 썼다고 전해진다.

방아만 찧는 내 사람을 생각한다[6]

정당샘 입구에서 도로를 건너면 바로 백석 시비가 있다. 시비에는 「통영 2」 전문이 적혀 있고, 그 작은 표지석에 백석이 란을 만나지 못하자 낮술을 하고 충렬사 계단에 앉아 이 시를 썼다는 설명이 있다. 낮술을 마시고 충렬사 계단에 앉아 시를 쓰던 백석이라…. 백석이 통영을 찾았을 당시에도

5·6 백석, 『백석 시전집』, 지만지, 2012.

정당샘이 동네 빨래터였다면 빨래를 하러 오가던 명정골 주민들이 백석을 못 봤을 리는 없었을 것이다. 서울에서도 옷차림과 머리 모양으로 눈에 띄던 백석이었다. 란과 백석의 애달픈 이야기가 흘러나온 진원지는 정당샘 빨래터에서 수군대던 주민들이 아니었을까 상상해본다.

통영인디페스티벌이 열리는 우물가

한산하던 정당샘 주변이 최근 훌륭한 공연장으로 다시 태어나고 있다. 통영의 젊고 감각 있는 가게 사장들이 모여 2018년부터 통영인디페스티벌을 열고 있는데, 주 공연장이 바로 여기다. 2019년 8월에 열렸던 2회차 페스티벌에는 명정동 주민들이 직접 공연장 입구에서 파전과 막걸리를 팔았다. 옛 빨래터의 풍경을 떠올리게 하는 장면이었다.

정당샘은 썩 훌륭한 공연장이다. 명정 옆으로 무대가 서고 명정으로 내려가는 계단은 객석이 된다. 객석은 정당샘에 폭 들어가 있어, 앉으면 실내 공연장에 있는 것 같으면서도 머리 위로는 뻥 뚫린 하늘이 보여 통쾌하다. 실제 공연을 했던 음악가들도 정당샘의 공연장에 만족해 하며 잔뜩 고취된 연주를 선사했다. 우물 주변에 높이 선 담벼락에 기대어

2019년 통영인디페스티벌 명정 바로 옆으로 무대가 만들어지고 돌계단은 객석으로 활용되었다. 무대 뒤 높은 담장에는 공연을 내려다보는 동네 주민도 보인다.

공연을 내려다보는 것도 매력적이다. 공연장에서 쿵쾅쿵쾅 대는 음악 소리가 나기 시작하면 주민들은 '뭐하나?' 궁금한 얼굴로 하나둘 나타난다. 공연이 무르익으면 같이 손뼉을 치며 즐거워한다.

인디페스티벌의 흥겨운 공연도 없고, 빨래하는 주민들의 왁자지껄한 수다도 들리지 않는 날, 햇살 좋은 한적한 날에 이 우물가를 찾아가 그저 앉아만 있어도 참 좋은 휴식이 된다.

05 세병관

평화를 바라는 마음이 담긴 조선시대 객사

세병관을 처음 마주하면 그 크기에 먼저 놀란다. 그리고 단정한 위엄에 저절로 마음이 엄숙해진다. 세병관은 통제영 관아의 중심 건물이다. 아니, 통영의 중심이라 해야겠다. 무려 '국보' 제305호다. 적어도 보물 1호인 서울 동대문(흥인지문)보다 더 역사적인 가치가 있다는 말이다. 세병관보다 더 큰 관아 건물은 우리나라에 딱 하나 있다. 국보 제304호 여수 진남관이다. 진남관은 전남 여수 전라좌수영 자리에 남은 유일한 건물이다. 임진왜란 직후 여수가 잠시 삼도수군통제영일 때 지어졌다. 통영 세병관은 삼도수군통제영이 최종적으로 통영에 자리 잡은 후 1605년에 세워진 것으로 역시 통제영 자리에 남은 유일한 건물이다.

통영은 그냥 통영이다

통제영 하면 충무공 이순신을 떠올리지만, 정작 이순신은 단 한 번도 세병관을 본 적이 없다. 삼도수군통제사는 조선 수군의 실질적 최고 지휘관으로 임진왜란 중 수군 지휘 체계를 하나로 통합하려고 급히 만든 직책이다. 이로써 경상, 전라, 충청으로 나뉘어 있던 지휘권이 제1대 삼도수군통제사인 이순신에게 집중될 수 있었다.

이순신이 처음 통제영을 설치한 곳은 한산도였다. 지형적으로 배를 숨기기 좋았고, 언제든 바다로 진출하기 편리했기 때문이다. 한산도 통제영은 이순신이 출전하지 않은 칠천량해전 때 완전히 불타 사라졌다. 명량해전에서 크게 이기며 수군을 재건한 이순신은 다시 고금도(전남 완도)에 통제영을 설치했다. 임진왜란이 끝나고는 잠시 여수 전라좌수영이 통제영을 겸했다. 통제영은 이후에도 몇 곳을 옮겨다니다 1603년 제6대 통제사 이경준이 당시 통영의 작은 어촌이던 두룡포에 터를 잡았다. 이때부터 300년 가까이 통영은 전함 500여 척, 수군만 3만여 명이 주둔하는 조선 최대 군사도시였다.

원래 통제영 관아는 건물이 100여 채나 됐다. 당시 임금이 있던 경복궁을 빼면 전국에서 이만한 규모를 찾기 어려웠다. 조선 수군 총본부였으니 당연하다 할 수 있다. 실제 조선시대 통제영의 위상은 상당했다. 삼도수군통제사는 품계가 종2품으로 각 도를 다스리는 행정 최고직 관찰사나 군사 최고직 병마절도사와 맞먹는다. 때로 더 높은 품계에서도 기용이 됐다. 쉽게 말해 통영 고을을 다스리는 통제사는 경상도 관찰사나 병마절도사와 동급이거나 더 높았다. 전남 보길도 출신으로 섬 전문가인 강제윤 시인이 『통영은 맛있다』(생각을담는집, 2013)란 책의 머리말 제목을 '통영은 경상도가 아니다'로 한 이유도 여기에 있다. 조선시대 군사 특별도시 통영은 경상도라는 정체성만으로는 설명할 수 없다. 조선시대나 지금이나 통영은 그냥 통영이다.

세병관은 통제영 관아의 객사다. 조선시대 관아에서는 동헌과 객사가 제일 중요한 건물이다. 고을 수령이 업무를 보는 동헌보다도 객사가 훨씬 격이 높다. 왕을 상징하는 전패를 모신 곳이기 때문이다. 전패는 대궐 전(殿) 자를 새긴 팻말이다. 신하들이 임금을 부를 때 쓰는 '전하'와 같은 '전' 자다. 전하께서 객사에 계신다고 여기라는 뜻이다. 심지어 동헌(東軒)이란 이름도 객사를 중심에 두고 동쪽에 있는 건물이란 뜻이다. 수령은 처음 부임하면 제일 먼저 객사를 찾아 예를 올렸다. 중앙 관리들이 어명을 전한 곳도 당연히 객사였다. 동지, 설날, 국왕 생일 같은 중요한 날에도 수령과 백성이 객사에 모여 전패에 경배를 했다.

단순함의 위엄에 평화의 염원을 담다

지금 세병관은 조선 후기인 1872년 제194대 통제사 채동건이 새로 고쳐 지은 것이다. 화려한 기교없이 단순하고 우직한 건물이라 더욱 위엄이 있고 믿음직하다. 정면에서 보면 9칸, 옆에서 보면 5칸이다. 위로 갈수록 두께가 조금씩 줄어드는 민흘림기둥 50개가 거대한 팔작지붕을 받치고 있다. 벽도 없고 문도 없다. 건물 바닥은 넓은 대청마루다. 마루의 중간 뒤편으로 한 단을 높인 곳은 전패를 보관하는 전패단이다.

세병관 현판은 현재 우리나라에서 가장 크다. 높이 2m가 넘는 '洗兵館(세병관)'이란 글씨는 제136대 통제사 서유대의 것이다. 세병이란 이름은 당나라 시인 두보의 시 「세병마행(洗兵馬行)」의 마지막 구절 '安得壯士挽天河 淨洗兵甲長不用(안득장사만천하 정세병갑장불용)'에서 가져왔다. 어찌하면 힘

세병관 일제강점기 학교로 사용된 세병관은 1872년 복원되어 지금까지 남아 있다. 세병관 현판은 우리나라에서 가장 큰 현판으로 높이가 2m를 넘는다.

센 장사를 얻어 하늘 은하수를 끌어다가, 병기를 깨끗이 씻고 오래도록 사용하지 못하게 한단 말인가란 뜻이다. 두보는 안녹산의 난 때 포로가 되기도, 지방 군벌 세력 다툼으로 피난을 가기도 하는 등 여러 난을 겪었다. 그런 그가 평화를 간절히 바라는 마음을 담아 쓴 구절이다. 마찬가지로 임진왜란이란 혹독한 전쟁을 치러야 했던 조선 백성의 평화를 향한 간절한 바람이 세병이란 글자에 담겨 있다. 통제영 문화관광해설사들은 세(洗) 자에서 삼수 변을 빼면 먼저 선(先) 자가 되니, 누구라도 침략하면 먼저 병기를 잡아 싸우겠다는 해석도 덧붙인다.

고종 32년(1895년) 친일내각이 단행한 제2차 갑오개혁으로 조선 팔도의 구식 군사 제도가 폐지되면서 통제영은 본래 쓰임을 끝냈다. 이후 일제는 통제영 건물을 죄다 허물고 그 자리에 학교와 관공서를 지었다. 유일하게 세병관만 살아남았는데, 크고 튼튼해 학교 건물로 쓰기 적당했기 때문이다.

제일국민학교에 다녔는데 그때는 교실이 세병관에 있었다. 내가 통영에서 태어난 것은 큰 의미를 지니고 있다. 친구들과 세병관 교실 칠판에 빨간 분필로 '대한민국독립

만세'라고 쓰고 일본을 욕하는 글도 썼다.

소설가 박경리가 2004년 마산 MBC 토지 완간 10주년 특별 대담에서 한 말이다. 당시 제일국민학교는 지금 통영초등학교의 전신이다. 박경리를 포함해 유치환, 김춘수, 김상옥, 윤이상, 전혁림 등 통영을 대표하는 예술인은 대부분 이 학교에 다녔다.

되살아난 통제영과 12공방

세병관을 뺀 지금 통제영 관아 건물들은 통영시가 2000년부터 2013년까지 사업비 596억 원을 들여 복원한 것이다. 이 과정에서 세병관 주변에 있던 창원지방법원 통영지원, 통영초등학교, 통영세무소는 다른 곳으로 옮겨갔다.

2014년 3월 통제영은 복원을 끝내고 새로 문을 열었다. 통제영 관아를 복원하면서 12공방도 되살아났다. 12공방은 전국에서 모인 장인들이 통제영에서 쓸 온갖 군수품과 생활용품을 생산했던 곳이다. 갓이나 탁자, 꽃신에서 나전칠기까지 당시 통제영 공방에서 만든 물건은 전국적으로 유명했다. 12공방의 12를 '열두 개'가 아닌 '많다'는 뜻으로 해석해 실

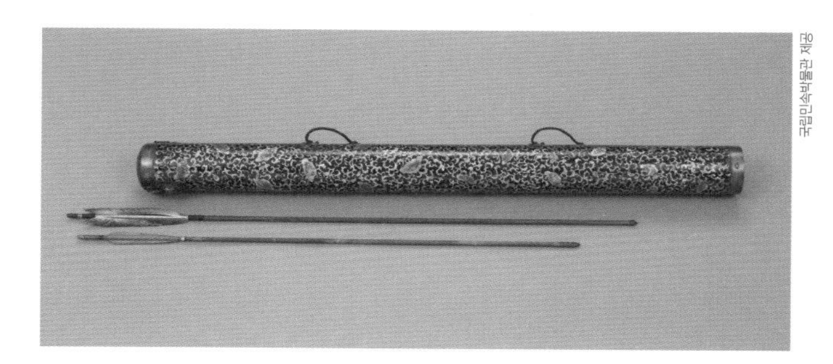

국립민속박물관 제공

화살과 나전함 12공방에서는 군수품뿐만 아니라 생활에 필요한 물건까지 만들었다. 통영 나전칠기, 소반 등은 지금까지도 명맥을 이어오고 있다.

제 공방이 12개가 아니라 더 많았을 것이라는 추측도 있다.

통제영 관아 출입구는 망일루란 누각이다. 망일루 아래를 지나 통제영으로 들어가면 정면으로 계단이 나오는데, 계단 끝에 세병관 정문인 지과문이 있다. 지과문 너머로 세병관의 웅장한 지붕이 성큼 다가온다. 세병관과 12공방을 둘러봤으면 뒤편 언덕 산책로와 정자도 놓치면 안 된다. 조선시대 통제사들도 이 정자들에 올라 마음을 달래곤 했다. 언덕에서 보는 통제영 전경이 기품 있다. 그 너머로는 통영 앞바다가 펼쳐진다. 옛 시절 통제사도 정자 마루에 꼿꼿이 앉아 이 풍경을 바라봤을 것이다.

더 보기 : 세병관 주변

- **한산도 제승당** : 임진왜란 당시 충무공 이순신의 삼도수군통제영이다. 통영항여객선터미널에서 한 시간마다 출발하는 배가 있다. 배를 타고 섬에 가까이 접근해도 항구가 보이지 않아 왜 하필 이곳에 수군 본부를 설치했는지 알 수 있다. 이순신의 『난중일기』나 김훈 소설 『칼의 노래』를 읽고 가도 좋다.
- **이순신공원** : 정량동 바닷가 언덕에 있는 공원이다. 이순신 동상이 있으며 통영 앞바다 화도, 한산도를 정면으로 바라보는 위치에 있어 바다 풍경이 뛰어나다.
- **문화동 벅수** : 통제영 주차장에서 입구로 가는 오르막 초입에 있는 돌장승이다. 벅수는 장승을 이르는 통영 사투리로 벅시라고도 한다. 문화동 벅수는 동네 동남쪽이 허하다는 풍수에 따라 1906년 마을 어르신들이 세웠다. 자세히 보면 얼굴에 색칠한 흔적도 남아있다.

06 삼문당커피컴퍼니

통영 힙스터들의 아지트

삼문당은 통영 커피 맛집이다. 2019년 4월 중앙지구대 옆 오래된 2층 건물에 문을 열었다. 1층은 로스팅룸이고 2층이 카페다. 조금 전문적으로 말하면 삼문당은 스페셜티 전문 로스터리다. 스페셜티는 세계 스페셜티커피협회 기준으로 평가하여 100점 만점에 80점 이상이 되어야 인정을 받는 원두다. 스페셜티는 마치 와인처럼 생산지 토양에 따라 사과, 복숭아, 초콜릿, 캐러멜 등 다양한 맛과 독특한 풍미가 있는 게 특징이다. 맛있는 커피가 그리운 통영 여행자라면 한번 들러볼 만하다.

스페셜티 커피 향 가득한 문화 맛집

"커피 맛에 정답이 있는 건 아니지만 삼문당이 생각하는 스페셜티의 포인트는 다양하고 풍부한 맛의 표현이라 생각해요. 그 표현 방법으로 라이트 로스팅이 적합하다고 봅니다. 다양한 풍미가 담긴 한 잔의 커피. 이것이 삼문당이 생각하는 싱글 오리진 필터 커피입니다."

삼문당 윤덕현 대표의 설명이다. '좋은 재료, 좋은 커피, 한 잔을 마셔도 맛있게!' 그가 항상 강조하는 말이다. 물론 스페셜티를 즐기지 않아도 상관없다. 윤 대표에게 자신의 커피 취향을 이야기하면 그에 맞춰 커피를 내려준다. 갈 때마다 원두팩을 사는 것도 잊지 않는다. 매번 딱 일주일 판매 분량만 로스팅하기에 원두가 항상 신선하다.

삼문당은 재밌는 일들이 자주 벌어지는 문화 맛집이기도 하다. 삼문당의 전신은 강구안 뒷골목에 있었던 '커피로스터리 수다'다. 언젠가부터 서울에서 이름 있는 인디 뮤지션들이 부산이나 경남에서 공연을 하면 꼭 통영에도 들러서 공연을 하기 시작했다. 공연 장소는 항상 수다였다. 통영에 공연장이 새로 생겼구나 싶어 찾아갔더니 그냥 조그만 카페였다. 15평 공간에 주방과 바, 작은 테이블 4개가 전부였다.

삼문당의 스페셜티 커피
윤덕현 대표는 직접 커피 시장의 동향을 파악하고, 매번 계절에 어울리는 원두를 골라 직접 로스팅하고 블렌딩한다.

삼문당 제공

그 좁은 공간 한구석에 무대가 있었고 온통 개성 강한 젊은 이들이 그 무대를 둘러싸고 있었다. 통영 힙스터가 다 모인 것 같았다.

카페를 운영하기 전까지 윤덕현 대표는 연극배우였다. 잠깐 회사를 다니기도 했다. 그가 고향인 통영으로 돌아와 굳이 낡은 관광지 뒷골목에 카페를 차린 건 지역 사람들과 함께 지역만의 문화를 만들어 보고 싶은 생각에서다.

"사람들이 찾아오기 어려운 골목에 있어도 그 공간이 가지는 힘이 있다고 믿었어요. 지역 사람들이 오가며 이야기가 만들어지는 그런 공간이요."

커피 맛도 좋고 강구안 뒷골목에 있는 작고 특이한 공간이란 소문이 나서 여행객들도 제법 많이 찾아왔다. 통영에서 나름의 문화를 일구고 싶은 이들이 윤 대표 주변으로 몰려들기 시작했다. 서울에 살다 통영에 자리 잡은 일러스트레이터 밥장도 그중 하나다.

단골들은 커피만 마시는 걸로 끝나지 않는다. 새로운 음악도 들어볼 겸 가수를 초대해 볼까 이야길 던지면 옆에 있는 친구가 인디밴드를 안다며 연락처를 건넨다. 좀 더 던지다 보면 그럴싸한 계획이 서고 결국 진짜 콘서트가 열린다.[7]

이런 식으로 거의 매달 한 번씩 공연이 열렸다. 공연이 아니라도 유명 시인들의 북콘서트를 열거나 과학자를 초대해 강연을 하기도 한다.

50년 된 표구사의 새로운 50년을 꿈꾸다

이렇게 4년을 보내고 나서 윤 대표는 새롭고도 지속가능한 공간과 브랜드가 필요하다고 생각했다. 그때 아버지가 50여

---

7 밥장, 『밥장님! 어떻게 통영까지 가셨어요?』, 남해의봄날, 2019.

년간 운영하던 표구사가 눈에 들어왔다. 몸이 힘드신 아버지는 더 이상 표구사를 운영할 수 없었다. 표구사 상호였던 '삼문당(三文堂)'도 새 브랜드 이름으로 나쁘지 않았다.

표구사는 표구를 업으로 하는 가게로 일반적인 액자 가게와 다르다. 표구에는 배접이란 과정이 들어간다. 배접이란 서예, 서화, 자수, 탁본 등을 다른 종이나 비단, 삼베 같은 것에 붙이는 걸 말한다. 이렇게 해서 족자, 액자, 병풍, 첩, 두루마리 등을 만든다. 작업이 섬세하고 정교해서 어떤 것은 완성까지 1년이 넘게 걸리기도 한다. 표구를 오래한 이들을 표구 장인이라고 부르는 이유다.

윤 대표는 삼문당이란 이름에 담긴 아버지의 장인 정신을 자신만의 방식으로 이어가기로 했다. 아버지가 지나온 50년에 자신이 걸어갈 50년을 보태 100년 가게가 되겠다는 포부가 담겨 있다.

윤 대표는 표구사 건물 2층을 카페로 개조하면서 가능한 건물 원형을 유지하려고 애썼다. 특히 벽과 천장은 표구사 시절 거의 그대로다. 아버지가 직접 작업한 작품, 예컨대 병풍은 인테리어 소품으로 활용했다. 이렇게 새것과 낡은 것이 묘한 조화를 이루는 공간이 완성됐다. 입구 옆 창밖 풍경

삼문당의 풍경 표구사 시절 삼문당을 지키던 병풍과 액자가 여전하고, 창밖으로 사진 같은 통영의 풍경이 한눈에 들어온다.

도 일품이다. 통제영 옆 주전골 언덕에 층층이 들어선 주택 풍경이 마치 한 장의 사진 같다. 창문이 그대로 액자인 셈이다. 이 풍경 때문에 삼문당을 찾는 이들도 있다.

커피로스터리 수다의 흔적은 주방 옆 구석에 남아 있다. 당시 무대로 쓰던 자리를 거의 그대로 재현했다. 공연도 여전히 한 달에 한 번씩은 이어지고 있다. 1층에는 로스팅룸 말고도 빈 공간이 하나 더 있었는데, 동피랑 언덕에서 햄버거 가게 '버거싶다'를 운영하던 친구가 최근에 브런치 식당을 열었다.

"삼문당이라는 공간이 가진 키워드가 커피와 예술가가 되기를 꿈꿉니다. 오롯이 커피, 예술, 사람이 뒹굴고 나누고 이를 통하여 새로운 언어가 생기는 공간이요. 전 이게 자생적 문화라 믿어요."

통영만의 새로운 문화를 만들어가겠다는 윤 대표의 야무진 꿈은 오늘도 조금씩 그러나 확실하게 여물어간다.

07 동피랑 벽화마을

철거 위기 달동네에서 통영 대표 관광지로

"베르빡(담벼락)만 빌리주모 안 쫓기나도 되나?"

"그거는 모르겠지만 일단 한번 뭔가를 해보입시다."[8]

동피랑의 변신은 이렇게 시작됐다. 지금은 통영을 대표할 정도로 인기 있는 벽화마을이지만, 원래 동피랑은 서피랑과 함께 통영의 유명한 달동네였다. 한국전쟁 피난민 등 평지에 주택을 구하지 못한 가난한 사람들이 모여 이룬 언덕 마을이다.

벽을 칠하면 철거를 안 한다고?

2000년대 중반 통영시는 동피랑 공원 조성 계획을 세운다. 낡은 동네를 철거하고 동포루를 복원해 주변을 녹지로 조성

동피랑 벽화마을 2007년 마을 벽화를 그리기 위해 전국 각지에서 참가자가 모였다. 동피랑 전국 벽화 공모전을 계기로 동피랑은 철거 위기 마을에서 통영을 대표하는 관광지가 됐다.

한다는 내용이었다. 주민들은 반발했다. 다닥다닥 붙은 작은 집들에게 보상금이 넉넉할 리 없었고, 그 돈으로는 여지없이 도심 외곽으로 쫓겨날 판이었다. 이때 '푸른통영21추진협의회'란 단체가 등장한다. 유엔환경개발회의에서 채택한 '의제21(21세기 지속 가능한 개발을 실현하기 위한 국제적 행동지침)'을 실현하고자 2005년 창립한 비영리 단체다. 푸른통영21이 철거 위기에 놓인 동피랑 마을을 보존하기 위해 선택한 방법은 벽화였다. 2007년 10월 '예술을 통한 도심 재생, 주민을 위한 재개발'을 목표로 동피랑 색칠하기 전국 벽화

공모전을 열었다. 서울, 인천, 대구, 마산 등 전국에서 19개 팀 40여 명이 참가했다. 이때 그려진 벽화가 이후 동피랑을 어떻게 바꿀지는 아무도 몰랐다. 다만 사람들이 모여 함께 벽화를 그리는 일 자체가 동네 주민들에게는 왁자하고 즐거운 잔치였다. 벽화 잔치 이후 어떤 일이 벌어졌는지는 당시 푸른통영21 윤미숙 사무국장이 쓴 『춤추는 마을 만들기』에 잘 나와 있다.

> 한 달 정도 되었을까. 발 빠른 블로거와 카페쟁이들이 다녀가기 시작했다. 물론 언론에 난 기사들도 한몫했을 것이다. 동피랑을 가려면 어디로 가야 하는지 길을 묻는 이들의 전화가 걸려오기 시작하고 그 후 두어 달 지나니 주말이면 제법 많은 사람이 오가기 시작했다. 하나같이 카메라를 들고서[9]

어느 때부턴가 통영 인기 관광지 부동의 1위였던 미륵산 케이블카 이용객 수가 동피랑 방문객 수에 밀리기 시작했

8·9 윤미숙, 『춤추는 마을 만들기』, 남해의봄날, 2015.

다. 동피랑은 어느덧 통영을 대표하는 관광지가 됐다.

벽화를 돋보이게 하는 오랜 삶의 속살

지금까지 동피랑 벽화는 몇 번이나 바뀌었다. 2010년 4월 제2회 동피랑 벽화 공모전 이후 벽화 축제로 이름을 바꾸고 2년마다 벽화를 새로 그리고 있다. 소박했던 벽화도 점차 화려해졌다. 초창기 벽화에는 사연이 많이 담겨 있었다. 군입대를 앞둔 아들과 추억을 남기려고 공모전에 함께 참가한 공예가 어머니도 있었다. 전문가가 그린 듯한 지금 벽화는 소박함보다는 백화점에서 온갖 모양과 색깔의 물건을 구경할 때 느끼는 즐거움을 준다. 그럼에도 동피랑 벽화 뒤에 가려진 낡음 그 자체는 여전히 매력적이다.

현대적이고 세련되지 않아서, 오랜 세월 위에 그려진 벽화로 가득한 마을이라서 더욱 멋지다. 그러니 동피랑에 가면 숨은 속살들을 구석구석 살펴보면 좋겠다. 작고 낡은 집 옥상에 나란한 장독대, 빨랫줄에 걸린 빛바랜 빨래집게, 촘촘히 어깨를 맞댄 집들과 복잡한 골목, 잔뜩 웅크린 지붕들을 말이다.

동피랑에는 통제영 시절 성벽도 남아있다. 옹기종기 모

인 집들과 벽화에 가려 흔적을 찾기가 쉽진 않다. 중앙시장 건어물 골목 끝 '수월참기름' 옆 동피랑으로 올라가는 길, 이 길 자체가 통영성벽이다. 계단 중간중간 성벽 같은 모양이 슬쩍 보이긴 한다.

동피랑 정상, 동포루에서는 통영 도심을 사방으로 볼 수 있다. 포르투갈의 수도 리스본을 '7개 언덕의 도시'라고 부르는데 통영도 이에 지지 않는 언덕의 도시다. 동피랑 정상에 올라 주변을 둘러보면 그 이유를 금방 알 수 있다.

동피랑에는 여전한 삶이 있다

주말이나 휴일에 동피랑을 가면 관광객들로 번잡하다. 살림집이 너무 쉽게 들여다보이는 탓에, 골목 곳곳에는 주민 생활 영역을 침범하지 말아 달라는 안내판이 붙어 있다.

여름이면 난닝구 차림으로 골목 사이로 불어오는 바람을 즐기던 노인들이 집 안으로 갇혔다. 사진기를 훈장처럼 가슴에 하나씩 매단 방문객들은 아무 데나 무턱대고 렌즈를 들이대고 찍어대기 시작했다. 할머니의 속곳도, 낡은 화장실도, 열린 문틈으로 보이는 집 안의 남루한 일상까지. 덥고 습한데다 에어컨은커녕 선풍기도 제대로 없는 집 안에서 노인들이 너무너무 갑갑하고 힘들어졌다.[10]

예견된 불편이었다. 도저히 못 살겠다며 마을을 떠나는 주민도 생겼다. 푸른통영21은 빈 집들을 사들여 작가촌으로 만들기도 했다. 하지만 동피랑이 유명해져 주민들이 불편을 겪어야 하는 만큼 원주민들에게 돌아가는 이익이 있어야 했다. 2013년 주민들은 마을기업을 만들고 이를 운영하는 동피랑 생활협동조합을 결성했다. 현재 카페와 기념품 가게가 동피랑 마을기업으로 운영되고 있다.

요즘 동피랑에는 개성 있고 매력적인 가게가 많이 생겨 경쟁도 치열하다. 이 중 원주민 할머니가 직접 운영하는 작은 가게 '동피랑 할머니 바리스타'는 방송에도 출연해 제법 이름난 곳이다. 카페지만 간단한 식료품도 판다. 창밖 풍경이 썩 훌륭하다. 하지만 요즘에는 동네 어르신들이 모여 담소를 나누는 모습이 자주 보인다. 대부분 관광객은 최근에 생긴, 젊은 감각이 묻어나는 가게들을 찾아간다.

---

10 윤미숙, 『춤추는 마을 만들기』, 남해의봄날, 2015.

동피랑 할머니 바리스타 통영 앞바다가 내려다보이는 가게에서는 할머니의 손맛이 깃든 커피와 음료를 맛볼 수 있다.

지금도 동피랑 마을 어르신들은 관광객이 몰려들면 집안에 가만히 머무신다. 그러다 정 답답하면 나와서 관광객들 틈에 오도카니 서서 바람을 쐬기도 한다. 저녁 무렵 마을이 잠잠해지고 나서야 어르신들은 밖으로 나오신다. 낮 동안 관광객들의 차지였던 언덕 벤치에 나란히 앉아 바다를 보신다. 동피랑을 돌아다니다 어느 구석에 낡은 의자가 몇 개씩 놓여 있는 걸 본다면, 동피랑 어르신들의 오랜 삶의 흔적이라고 생각하면 된다. 어쩌다 집을 나선 어르신을 마주친다면 반갑게 인사라도 하자.

08 강구안

포구에서 먹는 충무김밥과 꿀빵

"어, 강구항이 아니라 강구안이었어?"

통영의 상징 같은 '항구'니까 당연히 강구항이라고 생각했다. 거북선과 판목선이 정박해 있는, 동피랑을 가거나 충무김밥, 꿀빵을 사 먹으려고 종종 차를 세우는, 널찍한 문화마당이 있는 그 항구 말이다. 강구안은 통영 도심의 상징이자 숨통이다. 휴일이나 휴가철이면 이곳은 관광객으로 활기가 넘친다. 강구안 문화마당에서 보면 잔잔하고 너른 바다가 육지로 쑥 들어와 있고, 바다 너머 남망산 중턱에는 솔숲 위로 머리만 불쑥 나온 통영시민문화회관까지 보여 여행자의 낭만을 자극한다.

둥그스름했던 옛 강구안

강구안이란 강물이나 냇물이 바다로 흘러드는 입구를 뜻한다. 강구 대신 하구(河口)라는 말을 많이 쓴다. 통영 강구안은 오래전부터 배를 대던 포구였다. 삼도수군통제영 시절에는 전투선이 정박했다. 어업 활동이 굉장히 활발하던 일제강점기에는 고깃배들이 수도 없이 드나들었다. 지금은 문화마당 쪽으로 거북선과 판옥선(조선의 군선) 같은 전투선이, 다른 쪽으로는 고깃배가 나란히 정박해 있다. 박경리 선생의 소설 『김약국의 딸들』은 일제강점기의 강구안을 이렇게 묘사한다.

> 고성반도에서 한층 허리가 잘리어져 부챗살처럼 퍼진 통영은 복장대 줄기를 타고 뻗은 안뒤산이 시가를 안은 채 고깃배가 무수히 드나드는 바다를 내려다보고 있었다. 안뒤산 기슭에는 동헌과 세병관 두 건물이 문무를 상징하듯 나란히 자리 잡고 있었다. …… 동헌에서 남문을 지나면 고깃배, 장배가 밀려오는 갯문가, 둥그스름한 항만이다.[11]

11 박경리, 『김약국의 딸들』, 마로니에북스, 2013.

통영항 일대 매립지도 항남동 도깨비 골목 바닥에 있는 지도로 조선시대부터 현재까지의 꾸준한 매립으로 강구안이 어떻게 변화해 왔는지 알 수 있다.

안뒤산은 세병관 뒤 여황산이다. 갯문가는 지금의 강구안과 그 주변을 말한다. 박경리 선생은 강구안을 둥그스름한 항만으로 표현했다. 조선시대 통영 지도를 보아도 강구안은 바다 방향으로 트인 둥근 모양이다. 그런데 지금 강구안은 반듯한 육각형 모양이다. 대대적인 매립이 이뤄진 까닭이다. 강구안 서쪽의 항남동 도깨비 골목 바닥에는 동판으로 만든 통영항 일대 매립지도가 있어 몇 년도에 어디까지 매립이 이뤄졌는지 알 수 있다. 강구안 일대는 일제강점기인 1938년부터 1964년까지 꾸준히 매립돼 지금과 같은 모양이 됐다.

통영김밥이 아니라 충무김밥

강구안은 통영 여행이 시작되는 곳이다. 이곳으로 여행자들이 모여드는 이유는 근처에 중앙시장 같은 전통시장이나 동피랑 같은 유명 관광지가 있어서기도 하지만, 무엇보다 통영의 명물인 충무김밥과 꿀빵을 맛보기 위해서다. 꿀빵과 충무김밥은 먼바다로 고기를 잡으러 가는 뱃사람들에게 먹이려고 고안한 음식들이다. 뱃사람에게 충무김밥은 점심 도시락, 꿀빵은 새참이나 간식이었다.

충무김밥을 두고 왜 통영김밥이 아니냐고 물을 수도 있겠다. 충무는 이순신을 이르는 충무공에서 나온 말로, 통영의 지난 이름이다. 현재 통영의 중심부라 할 수 있는 지역은 한국전쟁 직후인 1955년에 통영읍이 승격해 만들어진 충무시였다. 1995년에 미륵도, 한산도를 포함한 통영군이 충무시와 통합하면서 통영시가 되었다. 그러니까 충무김밥은 지금의 통영 중심부가 '충무'라고 불리던 시절에 만들어진 음식인 것이다.

충무김밥은 1980년대 들어 통영의 명물로 전국에 알려지기 시작했다. 영화 '기생충'으로 2019년 제72회 칸국제영화제에서 황금종려상을 받은 봉준호 감독이 귀국길 인터뷰에서 한국에 오면 가장 먼저 충무김밥을 먹고 싶다고 해서 화제가 되기도 했다.

오래 두어도 상하지 않는 뱃사람들의 별미

충무김밥은 먼 뱃길에 김밥이 쉬는 것을 막고자 김밥과 반찬을 따로 싸서 팔던 것에서 유래했다. 한입 크기의 꼬마 김밥과 시큼하게 익혀 듬성듬성 잘라낸 무김치, 매콤한 오징어·어묵 무침을 곁들여 먹는다. 함께 나오는 시래깃국과도 잘 어울린다. 강구안 주변에는 저마다 원조를 내세우는 충무김밥 식당이 많다. 다들 비슷하게 김밥이 나오니 어디로 갈지 너무 고민할 필요는 없다. 지금은 오징어·어묵 무침을 같이 주지만, 옛날에는 주꾸미나 홍합으로 무침을 만들기도 했다. 간혹 특별 메뉴로 주꾸미 무침을 더해 파는 곳도 있다.

강구안에는 꿀빵 가게도 많다. 주로 동피랑 입구에서 중앙시장까지 가는 거리에 모여 있다. 이름 때문에 꿀이 들어갈 것 같지만 전혀 아니다. 조그만 공 모양 도넛인 꿀빵은 밀가루 반죽에 팥소를 채워 기름에 튀긴 다음 조청이나 물엿을 입히고 겉에다 깨나 땅콩을 뿌려 만든다. 충무김밥과는 다른 방식으로 빨리 상하지 않는 비결을 찾은 것이다. 충

충무김밥(위)과 꿀빵(아래) 먼 뱃길에 음식이 상하지 않도록 김밥과 반찬을 따로 싸 판매한 데서 유래한 충무김밥과 팥앙금을 넣고 튀긴 다음 조청, 물엿을 입히고 깨를 뿌려 만든 꿀빵

무김밥과 달리 가게마다 다양한 모양과 맛의 꿀빵을 판다. 이것저것 맛보는 재미가 있다. 가게 앞에 시식 코너도 운영하는데 지나가며 한 조각씩만 먹어도 배가 부를 듯하다.

애초에 충무김밥이나 꿀빵은 밖에서 거친 일을 하는 사람을 위해 만든 음식이다. 그러니 식당에 편안하게 앉아서 먹는 것보다 포장하여 풍경 좋은 자리를 골라 강구안을 바라보며 밖에서 먹는 것이 처음 만든 꿀빵의 맛에 그나마 가깝지 않을까.

밤 강구안의 매력

강구안의 밤은 낮과는 또 다른 매력이 있다. 한적한 밤바다를 좋아하는 이라면 밤에 강구안으로 가보자. 사람이 많으면 많은 대로, 없으면 없는 대로 좋다. 가로등 불빛 아래 불 꺼진 식당들을 배경으로 광장을 쏘다니다 보면 통영만의 애잔함이 느껴진다.

동피랑에 올라 강구안을 바라보며 야경을 즐기는 것도 좋은 방법이다. 이곳에서 바라보면 강구안이 통영 도심에서 가장 밝은 곳이라는 걸 알게 된다. 밤의 강구안은 마치 한밤에 깨어 묵묵한 생각에 젖어 드는 중년의 사내같이 빛을 내고 있다. 이 사내를 보기 위해 밤에 통영을 찾곤 했다. 사내의 어깨 위에 내려앉은 노란 불빛을 가만히 쓰다듬고 싶어지는 그런 나날들이었다.

강구안 강물이나 냇물이 바다로 흘러드는 입구로, 강구안은 오래전부터 배를 대던 포구였다.

09 남망산 조각공원

15개 조각품과 두 팔 벌린 소녀상

숲 속으로 들어서자 세상의 소리가 저만큼 멀어진다. 숲이 깊다. 나무들이 까마득하게 높다. 고개를 뒤로 젖혀 소나무, 편백나무 아래 기분 좋은 서늘함을 잠시 즐긴다. 천천히 걸으면 저절로 사색에 잠기는 곳, 여행에 지친 이들 어쩌면 삶에 지친 이들의 쉼터인 남망산 조각공원이다.

조선시대부터 이름난 풍경

남망산은 통영 강구안에서 바다를 향했을 때 왼쪽으로 보이는 높이 97m의 조그만 산이다. 원래 이름은 '남망'이다. 통영 사투리로 '망'이 산봉우리란 뜻이니, 남망은 남쪽에 있는 산봉우리, 남산(南山)이란 뜻이다. 나중에 산(山) 자가 또 붙

남망산 조각공원 남망산 조각공원 내 15개 작품은 1997년 통영에서 열린 국제야외조각 심포지엄 결과물을 그대로 옮겨 놓은 것이다.

어서 남망산(南望山)으로 이름이 굳어졌다.

1969년 도시계획에 따라 남망산은 공원이 됐다. 이때 통영은 충무시였기에 충무공원으로 불렸다. 1994년 공원을 본격적으로 개발하면서 남망산공원으로 이름을 바꿨다.

남망산공원이 남망산 조각공원으로 바뀐 건 1997년의 일이다. 조각공원이 흔하지 않던 시절, 통영에서 국제야외조각심포지엄이 열렸다. 당시 통영 출신 심문섭 조각가가 국내외 유명 조각가를 초청하는 데 결정적인 역할을 했다. 이들이 심포지엄 기간에 만든 작품을 그대로 남망산에 설치한 것이 조각공원의 시작이다. 현재 15개의 작품이 곳곳에 전시되어 있다.

강구안에서 보면 남망산 상록수가 우거진 푸른 숲과 산 중턱 하얀 건물의 대비가 선명하다. 하얀 건물은 1997년에 만들어진 통영시민문화회관이다. 문화회관 앞에 서면 통영항과 통영운하, 강구안이 한눈에 들어온다. 다양한 모양과 크기의 배가 통영 앞바다를 바쁘게 오간다. 이런 배들 덕분에 통영이라는 도시가 굉장히 활기차게 느껴진다. 여기서 보는 풍경은 조선시대부터 유명했다. 남망산 일대는 영남 지역에서 풍경으로 이름난 곳, '교남명소'라 불릴 정도였다.

정의비와 김복동 할머니

문화회관으로 올라가는 길목에 위안부 피해자 소녀상이 있다. 정확하게는 '일본군 위안부 피해자 인권 명예를 위한 정의비'다. 2013년 4월 6일 제막 행사가 열렸다. 정의비는 소녀상 하면 떠오르는 정밀한 청동상하고는 모양이 다르다. 돌로 만든 여성이 두 팔을 활짝 벌리고 세병관을 향해 서 있다. 조각가 한진섭의 작품이다. 두 팔을 벌리고 선 것은 화해와 평화를 상징한다. 가만히 보면 얼굴이 소녀 같기도 하고, 할머니 같기도 하다. 얼굴도 손도 옷도 동글동글한 것이 특징이다. 소녀가 아닌 여성 자체가 피해자임을 강조하려는 의도다. '소녀=순결'이라는 관념에서도 벗어나고자 굳이 소녀상이 아닌 정의비라는 이름을 붙였다. 정의비 아래에는 성금 모금에 참여한 기부자 명단과 취지문, 건립계획서, 진행일지를 담은 타임캡슐이 묻혀 있다.

제막식 당시 통영에 살고 계시던 김복동(1926~2019) 할머니가 정의비를 가만히 어루만지던 모습을 기억한다. 할머니

위안부 피해자 정의비 남망산 소녀상은 전국 각지에 만들어진 소녀상과는 모양이 다르다. 돌로 만든 여성이 통제영 방향으로 두 팔을 활짝 벌리고 서 있다.

는 1992년 자신이 일본군 위안부 피해자임을 세상에 밝히고, 1993년 유엔인권위원회에서 일본군 위안부 피해자로서는 처음으로 피해 사실을 증언했다. 영화 '아이 캔 스피크'에서 배우 나문희가 맡았던 '나옥분'의 실제 모델이 바로 김복동 할머니다.

할머니는 전 세계 전쟁 피해 여성 인권 신장을 지원하는 '나비기금'을 발족하는 등 평화·인권 운동가로서 활발히 활동하다가 2019년 1월 28일 93세로 생을 마감했다.

강구안 반대편의 동호만 풍경

남망산에는 둘레길이 있어 산을 한 바퀴 돌아볼 수 있다. 문화회관 쪽으로 올라가 시계방향으로 돌면 강구안 반대편에 있는 동호만이 보인다. 강구안하고는 또 다른 풍경이다. 통영수협이 있어서인지 정박한 어선들이 다닥다닥 붙어 있다. 들어오고 나가는 배들의 엔진 소리가 거칠다. 수협 건물과 산업단지 공장들이 부두 주변을 둘러싸고 있다. 동호만은 관광지가 아닌 엄혹한 삶의 현장이다.

동호만 건너편은 망일봉 자락이다. 중턱에 통영기상대와 청마 유치환 생가, 청마문학관이 있다. 청마 유치환

동호만 풍경 부두를 따라 정박한 수많은 어선과 항구 주변 공장들이 이곳이 삶의 엄중한 터전임을 증명한다.

(1908~1967)은 '이것은 소리 없는 아우성'으로 시작하는 「깃발」과 '사랑하는 것은 사랑을 받느니보다 행복하나니라'로 시작하는 「행복」을 쓴 시인이다. 거제시 둔덕면에도 유치환 생가가 있다. 거제는 청마가 태어난 곳, 통영은 청마가 유년 시절을 보낸 곳이다.

전쟁 극복의 염원이 담긴 이순신 동상

다시 남망산으로 돌아와 숲하늘길을 걷는다. 데크를 높이 설치해 나무 꼭대기와 비슷한 눈높이로 걸을 수 있다. 이름 그대로 숲 위 하늘을 걷는 듯하다. 숲하늘길은 남망산 정상 아래 수향정까지 이어진다. 1985년에 지은 철근콘크리트 정자다. 수향정에서 조금만 더 올라가면 남망산 정상이다. 주변 나무들의 키가 큰 탓에 정상에서도 풍경은 잘 보이지 않는다. 대신 바람이 세지 않아 햇볕을 쬐기에 딱 좋은 장소다.

남망산 정상에는 이순신 장군 동상이 있다. 무서운 기세의 무사가 아니라 점잖은 할아버지 같다. 동상이 세워진 게 1953년 5월 31일이다. 휴전협정이 1953년 7월 27일 체결됐으니 전쟁이 거의 끝날 때 즈음 세워진 것이다. 당시 통영으로 피난왔던 김경승 조각가가 임진왜란 6주갑(600년)을 기념하기 위해 만들었다. 임진왜란이 임진년인 1592년에 시작됐으니 임진년마다 이를 기념한 것이다.

동상을 만들기 시작한 1952년도 임진년이었다. 당시 동상 세울 자리를 마련하려 군대 장비가 동원됐다. 여기에 통영 주민들도 각자 곡괭이를 들고 와서 돌을 깨며 정상을 다듬었다고 한다. 아마 당시 통영 사람들에게 이순신 장군 동상은 전쟁을 극복하고 다시 일어서려는 의지의 상징이었던 것 같다.

10 울라봉·미륵미륵

쌍욕라떼 카페와 수제맥주 호스텔

아마 이런 공간은 전국에서 통영에만 있을 것이다. 쌍욕라떼를 파는 '울라봉 카페'와 수제 맥주를 파는 호스텔 '미륵미륵'. 이 두 곳은 성격이 전혀 다르지만, 자기만의 개성과 철학으로 통영을 더욱 매력적인 도시로 만들고 있다.

이렇게 정성스러운 쌍욕라떼

울라봉 카페는 동피랑에서 가까운 정량동 주택가에 있다. 원래 통제영 방향 동피랑 입구에 있던 작은 카페였다. 다양한 커피 메뉴를 실험한 끝에 탄생한 쌍욕라떼가 대박이 나면서 통영 여행자들의 필수 코스가 됐다.

울라봉 카페 안지영 대표는 통영 토박이다. 20대까지는 서울에서 지내다가 30대 들어 고향으로 돌아왔다. 당시 벽화마을로 유명해진 동피랑에서 희망을 본 그는 꼼꼼한 시장조사 끝에 2011년 봄 동피랑 입구에서 작은 봉고차로 아이스크림 노점을 시작했다. 그때 봉고차 이름이 울라봉이었다. '우리 아가 봉고'의 줄임말이다. 같은 해 노점을 접고 동피랑 입구 건물 1층에 카페를 열었다.

쌍욕라떼는 우유 거품 위에 초콜릿 시럽으로 욕설을 적은 라떼다. 절대 아무렇게나 욕을 적어 주지 않는다.

"주문을 받으면 일단 손님하고 인터뷰를 합니다. 나이, 직업, 사는 곳, 필요하면 가족에 대한 것도 물어봅니다. 인터뷰가 길어질 때는 30분 넘게 걸린 적도 있어요. 그렇게 그 손님만의 사연과 살아온 이력을 고려해 욕을 써줍니다. 그냥 욕은 기분 나쁘지만, 자기 이야기를 잘 듣고 그에 맞춰서 해준 욕은 추억도 되고 재미도 있거든요. 그래서 매번 다른 욕을 쓰는 창작의 고통이 큽니다."

음료 위에 글자를 적기 때문에 테이크아웃 판매를 하지 않는다. 또 인터뷰를 충분히 해야 하기에 손님이 몰려들어도 주문을 빨리 처리하지 못한다. 그럼에도 손님들은 1~2시간 정도는 기꺼이 기다려 끝내 그에게서 욕설을 받아낸다.

울라봉 카페 제공

울라봉의 쌍욕라떼 주문한 손님과 직접 인터뷰를 한 후 맞춤형으로 욕을 써주는 쌍욕라떼는 특허청에 상표등록을 마친 울라봉 카페의 전매품이다.

쌍욕라떼가 유명해지면서 울라봉을 흉내내는 곳도 생겼다. 물론 손님들을 즐겁게 하려는 취지라면 이해할 수 있었다. 그런데 그게 아니었다.

"어느 날 단골손님에게서 연락이 왔어요. 부산 유명 관광지에 비슷한 욕 라떼 카페가 있어서 갔는데, 욕설 쓰인 게 너무 기분이 나빠서 울었다는 거예요. 성적으로 비하하는 그런 내용이었나 보더라고요. 아, 이건 진짜 아니다 싶었죠."

안 대표는 2013년 특허청에 '쌍욕라떼' 상표를 출원해 2015년 3월 등록을 마쳤다. 성적 비하를 하거나 막무가내로 욕설을 하는 카페를 대상으로 소송을 진행했고 결국 승소했다.

울라봉 카페의 새로운 출발

울라봉 카페는 2018년 지금 자리에 지하 1층, 지상 4층짜리 건물을 사서 자리를 옮겼다. 돈을 많이 벌어서가 아니다. 마음 맞는 친구들과 더 다양한 활동을 하고 싶어 무리해서 공간을 마련했다. 1층은 울라봉 카페, 2층은 사무실, 3층과 4층은 게스트하우스다. 건물 지하에서는 펍을 운영한다. 이곳에서는 통영의 젊은 상인들과 함께 벌이는 재밌는 일, '울라보레이션'이 펼쳐진다. 울라보레이션은 카페 이름인 울라봉과 협업을 뜻하는 콜라보레이션을 합친 말이다. 벌써 많은 일이 이 지하 공간에서 벌어졌다. 오픈 초기에는 닭발집, 횟집과 함께 일일 포장마차를 열기도 했고, 통영 책모임 '산책'과 함께 유명 작가를 섭외해 북콘서트도 열었다. 2019년 여름에는 통영의 젊은 사장들이 자비로 주최한 통영인디페스티벌의 공연장이기도 했다.

안 대표는 여전히 카페 손님들에게 직접 쌍욕라떼를 만들어 준다.

"가끔 기분 나빠하는 분도 계셔서 요즘에는 욕설을 쓰는 게 좀 조심스러워졌어요. 그래서 단골손님들은 점점 욕이 약해진다며 아쉬워하기도 해요. 하지만 손님들에게 즐거움

울라봉 지하에서 열린 공연 울라봉은 단순한 카페를 넘어 다양한 활동이 벌어지는 문화 공간으로 거듭났다.

을 주겠다는 생각은 변함이 없어요."

카페 한구석에 앉아 가만히 보고 있자니 쌍욕라떼를 받아들고 깔깔깔 웃는 손님들의 얼굴이 유난히 환하다.

양조장 대신 맥주 호스텔을 열다

수제 맥주를 파는 호스텔 미륵미륵은 통영시 동호동 숙박업소 밀집 지역에 있다. 동피랑을 사이에 두고 울라봉과는 반대편이다. 2018년 5월에 문을 열었는데, 금방 마니아층이 생길 정도로 유명해졌다. 숙박객들의 평가가 좋아 숙소 예약 사이트에서 별점도 높다.

미륵미륵 김형석 대표는 원래 통영과 인연이 없었다.

"아내와 저 둘 다 서울 직장 생활에 많이 지쳐서 맥주 양조장을 해보려고 기술을 배웠죠. 서울이나 수도권은 이미 포화 상태고, 아내 고향인 거제에서 하면 좋겠다 싶었어요. 결과적으로 부지 매입이 잘 안 됐어요. 그때 통영이 눈에 들어왔죠. 거제를 가려면 통영을 거쳐야 하는데, 평소에도 느낌이 좋았거든요."

잘되려고 그랬는지 마침 괜찮은 매물을 만났다. 위치가 마음에 완벽히 들지는 않았지만, 이것도 인연이다 싶어 계약했다. 그런데 애초 계획했던 양조장이 아니라 수제 맥주를 파는 호스텔을 열었다. 양조장 수요가 아직 많지 않아 펍과 숙소를 먼저 시작한 것이다.

수제 맥주와 호스텔을 연결한 아이디어는 스코틀랜드 맥주 브랜드 브루독이 미국 오하이오주에 맥주 팬들을 위해 만든 호텔 독하우스(DogHouse)에서 얻었다. 세계 최초로 양조장에 지은 호텔이다.

"맥주와 숙소라니 정말 멋진 문화다 싶어서 도입하게 됐어요. 맥주는 독주가 아니잖아요. 천천히 마시면 휴식을 돕는 촉진제라 생각해서 브루독 콘셉트의 차분한 공간을 구상했어요. 하다 보니 수제 맥주 문화를 전파한다는 자부심도 생겨서 지금은 오히려 꼭 양조장이 아니어도 만족해요."

맥주와 명상이 있는 휴식

미륵미륵 건물 1층이 통째로 펍이다. 수제 맥주 중에서도 통영IPA, 미륵사우어, 거제바이젠, 남해스타우트 이렇게 4가지 품종만 엄선해 팔고 있다. 김 대표가 두 달에 한 번 전국 140개 수제 맥주 양조장을 직접 조사해 최고 품질의 맥주만 가져온다. 그래서 그때그때 공장이나 맥주 이름이 다르다. 양조 자격증 보유자라 맥주 관리 수준은 전국 최고를 자부한다. 그러니 통영 여행을 계획하는 맥주 애호가라면 반드시 들러야 하는 곳이다. 제법 괜찮은 안주를 팔지만 통영 음식을 다양하게 즐기고픈 손님들을 위해 회 같은 외부 음식을 가지고 오는 것도 허용한다.

2·3층은 호스텔이다. 펍의 인테리어도 훌륭하지만 객실 또한 소품 하나까지 허투루 있는 게 없다. 서울에서 광고 회사를 다녔다는 김 대표의 섬세한 감각이 느껴진다. 인테리어 업자에게 맡겼다가 마음에 들지 않아 어린 딸과 함께 7개

미륵미륵 제공

미륵미륵 호스텔 1층은 수제 맥주를 마실 수 있는 펍, 2·3층은 객실과 명상을 위한 공간이다. 맥주와 명상은 미륵미륵이 추구하는 쉼의 중요한 요소다.

월 동안 직접 꾸몄다. 종일 흘러나오는 음악을 포함한 모든 것이 호스텔과 잘 어우러진다. 술집인데도 아이들을 데리고 온 가족 손님이 많다. 그만큼 편안한 공간이다.

맥주와 함께 미륵미륵의 중요한 요소는 명상이다. 김 대표는 광고 일을 할 때부터 명상을 좋아했다. 일을 하다가 잠깐씩 명상을 하면 마치 깊은 잠을 잔 듯 머리가 맑아지곤 했다. 이 경험을 손님에게도 제공하고 싶어 3층에 명상 공간을 따로 만들었다. 아담한 소반과 함께 방마다 평상을 놓은 객실도 있는데, 그 자체가 명상 공간이라 해도 될 정도다.

1층 펍 한구석에는 비움의 방이 있다. 커튼을 열면 작은 책상 위 메모지가 놓여 있다. 거기에 잊고 싶은 일을 적은 후 책상 한가운데 구멍으로 넣으면 책상 아래 문서 파쇄기가 작동한다. 아무 생각 없이 들어갔다가 도리어 생각이 많아지는 공간이다.

미륵미륵이란 이름을 포함해 숙소 전체 콘셉트에 불교적인 느낌이 강하지만 김 대표는 사실 독실한 가톨릭 신자다. 좋은 휴식과 명상을 위한 콘셉트일 뿐이다. 그는 특히 사찰 입구에 닿기까지의 조용하고 차분한 여정을 사랑한다.

편한 오르막길에 냇물 흐르는 소리, 그리 멀지 않은 곳에 있다는 안도, 담을 것은 단단히 버릴 것은 미련 없이, 마음 휴식을 찾아가는 느낌, 절에 찾아가는 기분을 담고 싶습니다.

숙소 벽에 붙은 글귀처럼 미륵미륵은 그저 유명한 술집이나 숙소이기보다 가만히 머물며 자신을 돌아볼 수 있는 숲속 오두막 같은 호스텔이다.

11 윤이상기념공원

동서양 음악의 중개자 윤이상

"그러게 왜 간첩질을 해! 간첩질을 안 했으면 영웅이 됐을 건데!"

나이 지긋한 어르신 한 분이 부러 들으라는 듯 큰 소리로 말하며 지나간다. 통영시 도천동 윤이상기념관 외벽에 전시된 작곡가 윤이상(1917~1995)의 옛 사진들을 천천히 살펴보던 중이었다. 현대음악의 거장이라 불릴 만큼 20세기를 대표하는 작곡가인 윤이상이지만 1967년 동백림(동베를린) 간첩 사건과 이후 방북 행적 탓에 보수적인 어르신들에게는 여전히 '북한과 내통한 빨갱이 간첩'이다.

동양의 정신과 한국의 소리를 서양 작곡 기법에 담아낸 자신의 음악을 두고 윤이상은 스스로 '서양음악도 동양음악

윤이상기념공원 통영시가 윤이상의 음악적 업적을 기리고자 2010년 그의 생가터가 있는 도천동에 기념공원과 기념관을 만들었다.

도 아닌 그저 윤이상의 음악'이라 말했다. 죽을 때까지 고향 땅을 밟지 못한 그의 민족적인 행보 또한 남도 북도 아닌 자신이 생각한 한민족의 길로 뚜벅뚜벅 걸어나간 것이었는지도 모른다. 죽는 순간까지 고향 통영을 그리며 독일 국적으로 살아야 했던 윤이상. 2018년, 독일에서 타계한 지 23년 만에 그의 유해가 통영으로 돌아왔다.

서양 작곡 기법으로 담아낸 동양의 소리

1959년 9월 4일 저녁, 전쟁을 막 겪은 가난한 나라 한국에서 온 한 음악가가 독일의 다름슈타트 국제현대음악제에서 「일곱 악기를 위한 음악」을 연주하며 화려하게 등장했다. 유럽인들의 반응은 뜨거웠다. 2차 세계대전 이후 '다름슈타트'는 현대음악 거장들의 강의가 열리고 재능 있는 젊은 음악가들이 모여 실험적인 작품을 선보이던 현대음악의 성지였다. 이곳에서 작품이 연주되는 것만으로도 앞날이 보장된다는 말이 있을 정도였다. 청중 역시 현대음악을 이해하는 수준이 높아 작품이 형편없다 싶으면 서슴없이 고함을 지르고 휘파람을 불어댔다.

이 세계적인 무대에서 열렬한 기립 박수를 받은 한국인

이 바로 윤이상이었다. 마흔 살이란 적지 않은 나이에 유학을 결심하고 서양 작곡기법을 처음부터 다시 공부해야 했던 그에게 가장 기쁜 날이었을 테다.

> 문득, 앞날이 불투명한 가운데 학업에 몰두하던 파리에서의 일들이 주마등처럼 스쳐 지나갔다. 아내가 부쳐준 돈이 다 떨어지면 식권이 없어 물로 배를 채워야 했던 암담한 날들도 떠올랐다. 돌이켜보면, 독일로 건너와 악착같이 공부한 끝에 서베를린 음악대학을 졸업하고, 다름슈타트 음악제에 참관하여 충격을 받고 나서 「일곱 악기를 위한 음악」을 완성하기 위해 온 힘을 기울이던 일들이 모두 하나의 고리로 연결되어 있다는 생각이 들었다.[12]

윤이상의 음악이 기괴한 전위음악은 아니지만 굉장히 지적이고 추상적이라 대중이 듣기에 편안한 음악은 아니다. 새로운 표현 기법을 찾고 있던 1950년대 서구 현대음악계에 서양의 작곡 기법으로 동양의 철학과 음악을 담아낸 그의

---

12 박선욱, 『윤이상 평전』, 삼인, 2017.

음악은 전혀 다른 언어 하나를 제시한 것과 같았다. 윤이상이 현대 서양음악의 구원자로도 불리는 이유다.

윤이상은 통영 사투리를 썼고, 침실 머리맡에는 늘 통영항 사진을 붙여 놓았다. 여지없이 통영 토박이인 윤이상은 동양 사상과 음악에서 영감을 많이 받았지만 고향 통영이야말로 '내 음악의 근원'이라고 말했다.

> 구라파(유럽)에 체재하던 38년 동안 나는 한 번도 충무(통영)를 잊어 본 적이 없습니다. 그 잔잔한 바다, 그 푸른 물색, 가끔 파도가 칠 때도 파도 소리는 나에겐 음악으로 들렸고, 그 잔잔한, 풀을 스쳐가는, 초목을 스쳐가는 바람도 내겐 음악으로 들렸습니다.
>
> – 1994년 귀국이 좌절된 후 통영 시민에게 보낸 윤이상의 육성 메시지 중에서

그가 들었던 건 이런 자연의 소리뿐만이 아니었다. 아낙들이 밭일을 하며 부르던 민요, 통영을 찾은 유랑극단의 전통극 공연, 친척집에서 들었던 호금과 거문고 연주, 널찍한 마당에서 열렸던 통영 오광대놀이, 무당이 벌이던 화려한

굿판, 사월 초파일 미륵산 용화사의 연등행렬 등 동네 주변에서 벌어지던 모든 일들이 윤이상에게 강한 인상을 줬다. 1972년 독일 뮌헨 올림픽의 개막 축하 오페라 「심청」은 유랑극단의 전통극을, 세 명의 소프라노와 관현악을 위한 「나모(南無)」는 용화사 연등행렬의 인상을 직접적으로 표현한 작품이었다.

고문과 수감 그리고 석방

유럽에서 명성을 차곡차곡 쌓아가던 윤이상은 1967년 6월 17일 당시 한국 중앙정보부에 의해 납치되다시피 서울로 끌려온다. 중앙정보부는 같은 해 7월 서유럽에 사는 한국 교민과 유학생 194명이 동베를린 북한 대사관에 가서 간첩 활동을 했다고 발표한다. 이른바 '동베를린(동백림) 사건'이다. 북한 대사관과 조금이라도 접촉이 있었던 이들은 다 포함됐다.

> 나는 북한 사람을 만난다는 것이 정치적인 일이라고는 생각지도 않았습니다. 나는 남과 북이 갈린 걸 인정하지 않았습니다. 나에게는 북한 사람도 동포입니다.[13]

한국전쟁이 끝난 지 얼마 되지 않아, 외국에 머물던 이들에게 북한에 대한 반감은 있었으나 '분단'이라는 인식은 강하지 않던 시기였다. 실제 북한과 은밀하게 정보를 주고받은 이도 있었겠지만, 정치적인 일이라 생각지 못하고 동베를린으로 넘어가 북한 사람을 만난 이들도 많았다. 잡혀 온 이들이 받은 고문은 혹독했다. 윤이상도 결국 그를 죽기 직전까지 몰고 간 물고문 끝에 '북한에 봉사하는 공산주의자'라는 자백을 하고 말았다. 그해 12월에 열린 1심 재판에서 무기 징역, 2심에서 징역 15년, 3심 최종에서는 징역 10년을 선고 받았다.

그러나 동베를린 사건은 이미 수사 과정에서부터 전 세계의 주목을 받고 있었고, 독일 정부는 윤이상이 무리하게 끌려가 수사를 받았다며 특별사면을 요구했다. 세계적인 음악가인 스트라빈스키, 카라얀 등을 포함한 음악인 200여 명도 한국 정부에 공동 탄원서를 보내 항의했다. 결국 1969년 2월 25일 윤이상은 대통령 특사로 풀려나 독일로 추방됐다. 납치된 지 2년이 지난 후였다. 2006년 국정원 과거사 진실규명을

13 윤이상·루이제 린저, 『윤이상, 상처입은 용』, 알에이치코리아, 2017.

통한 발전위원회는 동베를린 사건이 조작은 아니지만 무리하게 간첩죄를 적용해 사건을 과장했다고 밝혔다.

윤이상은 1971년 독일에 귀화했다. 그는 동베를린 사건이란 비극이 일어난 원인을 민족 분단으로 진단하고, 이후 작품 활동을 하는 틈틈이 통일 운동에 힘을 쏟았다. 유럽에서 가장 큰 예술 대학인 독일 베를린 국립 예술대학교 작곡과 교수로 부임해 다국적 제자들을 수없이 길러내면서도, 직접 북한을 오가며 현지 음악인들을 지도하는 열정을 보였다. 이런 윤이상의 활동으로 남한에서는 그의 작품을 금지했고 윤이상은 죽을 때까지 남한 땅을 밟지 못했다. 남한에서 그를 제대로 조명하기 시작한 건 1990년대 이후부터다.

도천테마파크에서 윤이상기념공원으로

2010년에 완공된 윤이상기념공원은 윤이상의 이름을 뺀 '도천테마파크'로 불렸다. 보수 성향의 이명박 정부 시절이어서 친북 논란이 있는 윤이상의 이름을 공원 명칭에 붙이기 곤란했기 때문이다.

기념관을 제대로 꾸며 도천테마파크에서 윤이상기념공원으로 다시 태어난 건 2017년 11월이다. 2층 전시실에는 윤이상의 삶의 여정을 따라 전시된 사진과 유품이 가득하다. 유럽 무대에서 화려하게 등장했던 작품 「일곱 악기를 위한 음악」과 오페라 「심청」의 악보 원본뿐 아니라 생전에 그가 아끼며 연주하던 첼로와 바이올린도 볼 수 있다.

윤이상 흉상 평양 윤이상박물관의 흉상과 같은 동상으로 한동안 창고에 보관되는 등 곤혹을 치렀다.

전시실 입구에 있는 윤이상의 흉상은 통영시와 윤이상평화재단의 요청으로 북한에서 만들어 보낸 것이다. 평양 윤이상박물관에 있는 흉상의 복제품으로 2009년 6월 인천항에 도착했지만 북핵 문제로 통관하는 데만 9개월이 걸렸다.

기념관 재개관에 맞춰 윤이상이 베를린에서 생활하던 집을 축소, 재현한 베를린 하우스를 새로 만들었다. 그가 쓰던 피아노나 책상, 소파 등 가구까지 그대로 옮겨 놓았다. 윤이상이 독일에서 타고 다니던 벤츠 승용차도 마치 지금이라도 움직일 것 같은 상태로 보존돼 있다.

윤이상의 베를린 하우스와 승용차 독일 유학 시절 윤이상이 쓰던 소지품뿐 아니라 가구까지 그대로 옮겨 놓은 베를린 하우스 내부와 그가 생전 타고 다니던 벤츠 승용차를 볼 수 있다.

기념관 1층 카페에서 커피를 한 잔 사들고 가만히 공원을 걸어본다. 떨어져서 보니 윤이상기념관 전체가 마치 오랜 항해를 마치고 겨우 이제서야 통영에 닿은 큰 배 같다. 먼 길을 돌아온 윤이상은 결국 평화를 찾은 것일까.

어린 윤이상을 따라 걷는 도천음악마을

동피랑, 서피랑과 함께 통영의 3대 벽화마을인 도천음악마을에는 윤이상의 삶과 음악을 주제로 골목마다 벽화가 그려져 있다. 윤이상기념공원 바로 옆으로 이어진 마을이다. 이곳에서 조금만 걸어 나가면 바다가 나오는 터에 그의 생가가 있었다. 지금은 아파트 단지와 항구 시설에 가려졌지만 그가 살던 당시는 집에서도 바다가 보였을 것이다.

> 윤이상이 어릴 적 살던 통영 도천동 집은 조금만 나가면 바로 바다였다. 돌담 밑을 흐르는 물결은 먼 고장의 아련함을 쉼 없이 실어 날랐다. 밤이면 파도가 꿈결을 타고 부서졌다. 낮에는 파란 물이랑이 끝도 없이 출렁였다. 바다는 윤이상의 가슴에 넘실거렸다. 파도 소리는 맥박을 타고 흘렀다.[14]

한학자인 윤이상의 아버지는 그를 서당에 보내다 근대 교육 또한 필요하다는 생각에, 윤이상이 아홉 살 되던 1926년부터 통영공립보통학교를 다니게 했다. 일제강점기에 통제영 본영이 임시 학교였던 탓에 어린 윤이상은 매일 아침 집을 나서 도천동과 서호동, 명정동의 골목길을 지났다. 윤이상기념공원 방향으로 도천동과 서호동 골목에 '윤이상 학교 다니던 길'이, 서피랑으로 가는 명정동 골목에 '윤이상과 함께 학교 가는 길'이 만들어진 이유다. 서피랑을 돌아 서문고개를 넘어야 학교에 닿을 수 있었던 어린 윤이상이 이 골목 저 골목을 쏘다니며 보고 들었던 것들은 그의 음악에 그대로 녹아 있을 것이다.

---

14 박선욱, 『윤이상 평전』, 삼인, 2017.

12 통영옻칠미술관

한국 현대 옻칠 예술의 중심지

통영에서 예술가가 많이 태어난 것은 이순신에서 출발한다. 이순신은 덕장이면서 예술가다. 임진왜란 당시 통영은 한촌(閑村)이다. 해군본부가 들어서면서 8도의 장인들이 모여들었다. 기술자들도 다 모였다. 통영은 기후, 먹거리, 풍광이 아름다워 각지에서 모여든 사람들이 눌러앉아 소목장, 입자장, 선자장, 주석장이 되었다. 이들이 통영예술의 토양이었다.

소설가 박경리가 『토지』 완간 10주년 기념 특별대담에서 한 말이다. 통영의 기후, 먹거리, 풍광, 다시 말해 통영의 탄생에서 통영 예술가들의 씨앗이 잉태된 셈이다.

통영의 문화재, 전통 공예품 장인들

통영시 도천동과 서호동의 경계 즈음에 통영시립박물관이 있다. 등록문화재 제149호인 통영시립박물관의 건물은 1943년에 지어져 1995년 통영군과 충무시가 통합되기 전까지 통영군청으로 쓰였다. 지금은 통영국제음악당으로 옮겼지만 2012년까지는 통영국제음악제 사무실로 쓰이기도 했다. 통영시립박물관이 된 건 2013년 9월부터다.

박물관에는 통영 나전칠기 같은 전통 공예품들이 전시돼 있다. 조선시대 선비의 품위와 패션을 완성했던 갓은 단연 통영에서 만든 것을 최고로 쳤다. 흥선대원군도 굳이 통영에서 갓을 주문 제작했다는 말이 있을 정도다. 발은 가는 대나무를 엮어 만드는데, 요즘으로 치면 블라인드라고 할 수 있다. 조선시대 창가에 드리워 놓은 발은 그 집안의 품격을 높여주는 훌륭한 인테리어 아이템이었다. 이 역시 통영에서 만든 것을 고급으로 여겼다. 예술성과 실용성을 두루 갖춘 갓, 발, 소반, 자개 등은 지금도 통제영 12공방 장인의 후예들이 만드는 물건이다.

조선 후기 갓(위)과 조대용 장인의 통영발(아래)
조선시대 선비의 품위와 패션을 완성했던 갓과 창가에 걸어 그 집안의 품격을 높여 주었던 발

국립민속박물관 제공

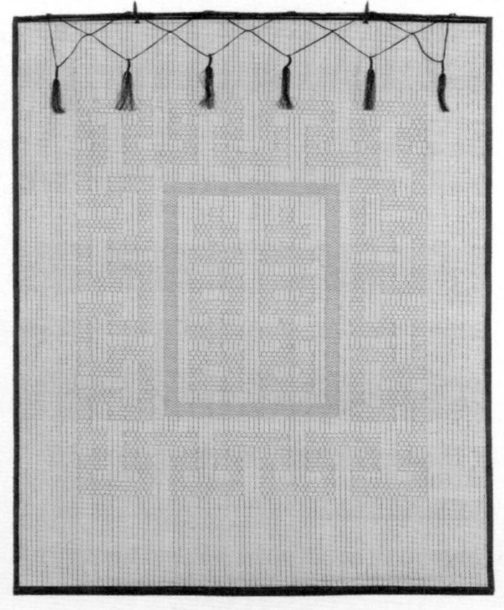

국내 유일 옻칠미술관

2006년에 생긴 통영옻칠미술관은 경남 1호 사설 미술관이자 국내 유일의 옻칠 전문 미술관이다. 자비로 이곳을 세운 김성수 관장은 세계적으로 이름난 옻칠 예술가다. 그는 한국전쟁 때인 1951년 통영시 항남동에 생긴 경남도립나전칠기기술원양성소 1기생으로 들어가 전통 나전칠기 기술을 익혔다. 젊은 시절에는 대한민국미술전람회에서 최고상을 여러 번 수상하며 실력을 인정받았다.

그는 나전칠기의 전통 기법에서 현대 회화의 가능성을 발견하고 '옻칠 회화'라는 새로운 길을 걷기 시작했다. 현재 국립현대미술관, 서울시립미술관, 경남도립미술관뿐 아니라 영국의 대영박물관에서도 그의 작품을 소장하고 있다. 숙명여대, 홍익대, 중국 칭화대에서 미술대학 교수를 지낸 그는 정년퇴직 후에 미국으로 건너갔다. 당시 서양의 칠기는 화학제품인 '라커'를 쓰는 제품으로 싸구려 취급을 받고 있었는데, 이를 바로 잡고 통영의 전통 옻칠을 알리는 데 힘을 쏟았다. 영어 단어에 'Ottchil(옻칠)'이란 고유 명사를 정착시킨 것도 그다.

옻칠은 한국, 중국, 일본, 동남아시아 일부에서 선사시

통영옻칠미술관 제공

「칠예의 문」 옻칠 재료에서 평면 회화의 가능성을 발견한 김성수 관장의 작품으로 자개를 가공한 나전이 돋보인다. 그는 2002년 미국 이민 100주년 기념 전시를 열면서 처음으로 고유명사 'Ottchil(옻칠)'을 표기하기 시작했다.

대부터 사용한 천연 코팅제다. 원료를 만드는 옻나무가 이 지역에서만 자란다. 옻칠은 요즘 나오는 어느 화학제품보다 강도, 광택, 내열, 방수, 방충 등에서 뛰어나다. 경남 창원 다호리 습지에서 출토된 원삼국시대 옻칠 칠기들이 2,000년이 지난 지금도 형태와 색깔을 유지하고 있을 정도다. 만드는 과정이 까다로워 고대에는 신분과 재력이 있는 이들만 옻칠 칠기를 구할 수 있었다. 청동 그릇을 열 개 넘게 살 수 있는 돈으로 옻칠 그릇은 겨우 하나 살 수 있는 정도였다. 요즘으로 치면 '명품'이다.

우리나라 고대 옻칠 문화는 고려, 조선시대의 나전칠기로 이어진다. 이를 계승한 것이 통영 나전칠기다. 광택이 나는 칠흑의 옻칠과 조개 껍데기로 만든 빛나는 나전(자개), 이 조합이 주는 독특한 색감과 질감이 나전칠기의 특징이다. 이를 활용해 그림을 그리면 옻칠 회화다. 통영옻칠미술관 전시실에는 김성수 관장과 그의 제자들의 옻칠 회화 작품이 전시돼 있다.

마당 한쪽에는 '한국 현대 옻칠 예술 중심지'라고 쓰인 표지판이 서 있다. 자부심 가득한 그 문구 너머로는 화삼리 풍경이 그윽하게 펼쳐진다.

평온함을 선사하는 화삼리 마을

> 아버지 그림 중에는 '화삼리 풍경'이라는 제목이 자주 등장한다. 통영에서 거제로 넘어가는 길 끝자락을 화삼리라 부르는데, 언덕길을 넘어 내려가는 길을 따라 숲이 우거지고, 그 길 사이로 보이는 마을의 풍광이 작품의 구도로 안성맞춤이다.[15]

전혁림 화백이 자주 그렸다는 화삼리 풍경이 궁금했다. 화삼리를 그린 작품을 몇 점 본 적이 있는데, 전 화백의 푸른빛 가득한 통영 작품들과는 또 다른 평온함을 주었다. 옻칠미술관 앞 용남해안도로를 따라 화삼리로 내려간다. 펼쳐지는 고즈넉한 풍경에 '와!'하고 탄성이 터져 나온다. 미늘고개와 바다 사이에 높이와 넓이 그리고 색깔까지 다른 밭들이 하나의 모자이크처럼 풍경을 채운다. 모자이크 사이 듬성듬성 솟은 낮은 언덕들, 해안에 바짝 붙은 작은 섬들이 만든 독특한 해안선은 남해군 어느 바닷가 마을과 통영을 섞

---

15 전영근, 『그림으로 나눈 대화』, 남해의봄날, 2015.

어 놓은 듯하다.

화삼리에는 선촌, 상삼, 화포 총 세 개의 마을이 있다. 선촌과 상삼을 합한 우리말 이름이 '미늘'이다. 선촌은 아랫미늘, 상삼은 웃미늘이다. 미늘은 낚싯바늘 끝에 있는 작은 갈고리를 말한다. 물고기가 낚싯바늘에 걸리면 이 미늘 때문에 빠져나오지 못한다. 화삼리 해안이 꼭 미늘을 닮아서 붙은 이름이라고 한다. 마을의 어느 부분이 미늘을 닮았는지

전혁림의 「화삼리에서 본 풍경」 화삼리는 통영에서 거제로 넘어가는 길 끝자락을 말한다. 전혁림 화백은 다채로운 들판과 푸른 바다가 어우러진 화삼리 풍경을 자주 그렸다.

전혁림미술관 제공

는 알기 어렵지만 미늘에 얽힌 다른 이야기가 있어 더욱 흥미롭다.

옛날 선비들이 이곳 화삼리에 모여 달맞이를 했는데, 이때 본 초승달이 참 예뻤다. 그 시절에는 초승달을 아름다운 여인의 눈썹에 비유하곤 했다. 그래서 그 초승달을 '눈썹 미' 자를 써서 미월(眉月)이라 했다고 한다. 또 옛날 삼도수군통제사가 화삼리에서 달이 뜨는 모습에 감탄해 '아름다울 미' 자를 써서 미월(美月)이라고 불렀다는 설도 있다. 세월이 지나면서 발음이 미월에서 미늘로 바뀐 것은 둘 다 같다. 이처럼 미늘이란 이름에는 아름다운 달과 이 달을 더욱 빛나게 한 화삼리의 고요하고도 아늑한 풍경이 모두 담겨 있다.

…… 더 보기 : 화삼리 주변 ……

- **통영RCE 세자트라숲** : 2015년에 생긴 통영RCE 세자트라숲은 아시아 태평양 지역 RCE 거점 교육센터다. RCE는 'Regional Environmental Center'의 약자로 UN기관인 유엔대학(UNCW)에서 운영하는 '지속 가능한 사회를 위한 교육거점 도시'다. 세자트라(sejahtera)는 공존, 지속가능성을 뜻하는 동남아 고대어로 아시아태평양RCE의 공동 프로젝트 이름이다. 숲을 중심으로 교육, 사무, 전시 공간이 있는 세자트라 센터는 다도해와 거북선, 통영에서 영감을 얻어 디자인됐다. 다양한 환경 교육 프로그램을 운영하고, 지속 가능한 생활 양식을 체험할 수 있는 시설을 갖추고 있다.

13 통영운하

통영반도와 미륵도 사이 좁은 물길

통영에 운하가 있다고 하면 고개를 갸웃하는 이가 있을지도 모른다. 여행자라면 통영운하를 한두 번은 지나치기 마련이다. 도심을 지난다면 충무교를, 통영터널을 통과한다면 통영대교를 건너는데, 이 다리들이 놓인 바다가 바로 통영운하다. 통영 사람들에게는 너무 익숙해서 이곳이 운하라는 생각도 잘 들지 않을 테다. 요즘에야 통영 하면 동피랑이나 미륵산 케이블카가 떠오르지만, 통영운하야말로 지난 시절의 통영을 대표하는 곳이었다.

판 데를 또 파서 만든 통영운하

하얀 물거품을 긴 꼬리로 단 배가 저 멀리 통영대교를 지나 천천히 다가온다. 배가 커브를 돌 때마다 하얀 물거품도 이리저리 부드러운 곡선을 그린다. 이 근사한 물길이 통영운하다.

운하는 배가 지나가도록 인공적으로 판 수로다. 아예 물길이 없던 곳에 만들 수도 있고, 좁거나 얕은 물길을 움푹 더 파내 만들기도 한다. 통영운하는 후자다. 현재 케이블카 승강장과 도남관광단지가 있는 땅이 미륵도인데, 이 미륵도와 육지 사이 바다는 아주 좁고 얕아, 썰물 때가 되면 서로 연결돼 걸어 다닐 수 있을 정도였다. 조선시대에는 오가기가 불편하다며 아예 물길을 막고 땅길을 만들기도 했고, 이후에는 배가 지나다니도록 다시 물길을 틔워 다리를 놓기도 했다. 1900년대 초반까지는 굴량교란 나무다리가 있었고, 1915년에는 이 나무다리를 헐고 착량교란 돌다리를 만들었다. 굴량, 착량은 모두 미륵도와 육지 사이 물길을 이르던 말로 우리말로는 '판데' 혹은 '폰데'라고 한다. 말 그대로 배가 지날 수 있도록 '땅을 판 곳'이라는 뜻이다.

일제강점기 일본인들은 이미 판 데를 더 파서 아예 운하를 만들었다. 1928년 5월 착공해 1932년 11월 20일에 완공했다. 통영반도와 미륵도 사이 1,420m 길이의 수로를 만드

통영운하 통영 시내와 미륵도 사이로 배가 지나가도록 인공적으로 만든 1,420m 길이의 수로. 1932년에 완공된 이 운하로 부산–여수 간 항로가 짧아졌다.

는, 4년 6개월에 걸친 대공사였다. 통영운하로 부산과 여수를 오가는 뱃길은 훨씬 짧아졌다. 지금도 통영운하로 배가 자주 다니지만 육로가 발달하지 않았던 일제강점기에는 지금보다 더 자주 다녔을 것이다.

긴 물거품을 단 배는 이제 충무교 아래를 지나 통영항으로 나아간다. 맞은편에서는 또 다른 배가 나타나 운하의 곡선을 따라 천천히 다가온다. 통영 8경에도 꼽힐 만큼 아름다운 이곳 풍경을 제대로 보려면 충무교나 통영대교에 오르는 게 제일 좋다. 통영운하 조망공원도 있지만 운하가 나무에 가려 잘 보이지 않기 때문이다.

13.5m 아래 바닷속을 걷는 터널

충무교 아래에는 통영운하를 물속으로 가로지르는 또 하나의 길이 있다. 1932년 통영운하와 함께 생긴, 길이 483m의 통영 해저터널이다. 동양 최초로 건설된 해저터널이다. 해저터널이니 마치 바닷속을 걸어가며, 천장으로 지나가는 큰 물고기도 볼 수 있는 수족관처럼 생각하는 이도 있겠다. 그런 생각으로 왔다가는 크게 실망할 수 있다. 실제 터널에 들어가 보면 물속을 지나고 있다는 기분은 들지 않는다. 해저터널이지만 육지에 있는 터널과 별 차이가 없다. 그렇더라도 13.5m 아래 바닷속을 지나는 '해저' 터널인 건 분명하다.

1967년 현대식 교량 충무교가 생기기 전 해저터널은 통영반도와 미륵도를 오가는 유일한 도로였다. 차도 제법 다녔는데 하루 통행량이 1,000대 정도였다. 지금은 관광지 노릇을 하여 여행객들이 구경 삼아 걷는 터널이다. 걷거나 자전거를 타고 지나다니는 주민들도 가끔씩 보인다.

그 옛날에 어떻게 바닷속에다 터널을 만들었을까. 2010년에 개통해 거제와 부산을 연결한 거가대교 해저터널은 미

통영 해저터널 통영반도와 미륵도를 잇는 동양 최초의 해저터널로 1932년에 완공되었다. 길이 483m, 너비 5m인 이 터널은 방파제로 바닷물을 막고 건설했다.

리 만든 터널 조각을 바닷속에 빠뜨린 다음 조립했다. 일제 강점기에 당연히 이런 기술은 없었다. 통영 해저터널은 그냥 방파제로 바닷물을 막고 만들었다. 사실상 땅 위에다 만든 것이라 보면 된다. 어차피 썰물이 되면 물이 다 빠지니 바닷물을 막는 일은 어렵지 않았을 것이다. 일본인들은 해저터널을 만들고 나서 태합굴(太閤堀)이라는 이름을 붙였다. 태합은 일본어로 '다이코'인데, 임진왜란을 일으킨 일본 전국시대 최고 권력자 도요토미 히데요시의 별칭이다. 그러니까 '도요토미 히데요시 터널'이었던 것이다.

'판데'라는 이 물길은 임진왜란 때 한산도대첩과도 관련 있다. 당시 조선 수군에게 쫓긴 왜선들이 판데로 도망쳐 들어왔는데, 썰물 때라 모래 때문에 뱃길이 막혀 왜군이 많이 죽었다. 사람들이 판데를 송장목이라고도 불렀던 이유다. 일본인들이 이곳에서 죽은 조상들 위를 차마 밟고 다닐 수 없어 기존 다리를 없애고 해저터널을 만들었다는 이야기도 전해진다.

해저터널은 통영시 당동에서 미수동까지 이어져 있다. 목조로 된 터널 입구의 기둥과 지붕은 모두 옛날 모습 그대로 살아 있다. 얼기설기 잘 엮인 트러스 구조가 인상적이다.

터널 중간 안내판에서 통영운하가 만들어지는 과정을 사진과 함께 살펴볼 수 있다.

통영 해저터널을 찾는 여행객들이 많다. 일제강점기 수탈의 역사가 배어 있는 터널이지만, 동양 최초로 만들어진 오랜 해저터널을 거닐어 보는 것만으로도 충분히 매력적이기 때문이다. 해저터널은 왕복 1km로 도란도란 이야기하며 걷기에 적당한 거리다. 24시간 무료 개방이고, 여름에는 시원하고 겨울에는 따뜻하니 언제든 찾아가기 좋다.

…… 더 보기 : 통영운하 주변 ……

• **착량묘** : 조선시대 최초로 만들어진 이순신 사당이다. 당동 해저터널 입구 근처, 통영운하가 보이는 언덕에 있다. 임진왜란이 끝나고 1599년 수군과 주민들이 직접 초가집으로 지었다. 명정동 충렬사보다 10년이나 먼저 만들어졌다. 통영 사람들의 이순신 장군에 대한 애틋함과 나라에 대한 섭섭함이 담겨 있는 곳이다. 제198대 이규석 통제사에 이르러서야 기와집으로 고치고 착량묘라는 이름을 붙였다.

14 봉숫골

봄날의 책방, 전혁림미술관, 내성적싸롱 호심

통영에서 가장 젊고 산뜻한 분위기를 맛보고 싶다면 봉평동 봉숫골을 찾으면 된다. 봉숫골은 용화 사거리에서 시작해 용화사 공영 주차장까지 이어지는 600m 정도의 오름길 주변을 말한다. 지금은 봉평동이지만 옛 이름은 봉수동으로, 동네 뒤편 미륵산 정상에 봉수대가 있어 붙은 이름이다. 봉평동 한가운데를 가르는 도로는 흔히 용화사 가는 길로 불린다. 이 길을 따라 벚나무가 운치 있게 늘어서 있다. 매년 봄 벚꽃이 흐드러질 때면 '봉숫골 꽃나들이' 축제도 열린다. 최근 봉숫골에 아기자기한 카페나 식당, 사진관, 공방 등 개성 있는 공간들이 속속 들어섰다. 이런 변화의 중심에 '봄날의 책방'과 '전혁림미술관' 그리고 '내성적싸롱 호심'이 있다.

통영을 닮은 파랑, 전혁림미술관

문재인 정부 초기, 청와대 인왕실에 걸린 그림 한 점이 화제가 됐다. 온통 푸른색으로 가득한 이 그림은 가로 7m, 세로 2.8m의 대작 「통영항」이다. 서양화가 전혁림의 작품으로 2005년 용인시 이영미술관 '전혁림 초대전'을 찾은 노무현 대통령이 이 그림에 반해 더 큰 사이즈로 주문 제작했다. 이명박 정부 때는 수장고에 들어가 있던 「통영항」이 문재인 정부 들어 다시 빛을 본 사실이 알려지며 사람들의 관심을 끈 것이다.

전혁림미술관 제공

전혁림 화백의 「한려수도」 청와대 인왕실에 걸려 화제가 된 「통영항」과 유사한 그림으로, 통영 바다를 닮은 푸른색을 사용하는 전혁림 화백의 화풍이 잘 드러난다.

통영 사람 전혁림 화백은 '색채의 마술사', '한국의 피카소'로 불리는 한국 추상회화의 거장이다. 그의 작품은 색채 추상으로 통영 바다를 닮은 특유의 푸른색을 많이 썼다. 아버지를 따라 화가의 길을 걷고 있는 전영근 화백은 아버지에게 한번은 "푸른색이 좋으십니까?" 물었다. 그러자 전혁림 화백은 "글쎄. 푸른색으로 칠하모 마음이 편해지네. 니는 보기에 안 좋나?"[16]며 뜻밖에 소탈한 대답을 내놓았다. 통영시 지정 '화가 전혁림 거리'가 있는 봉숫골 전혁림미술관은 아들 전영근 화백이 직접 설계해 2003년에 개관했다.

2003년 2월 1일, 우리가 살고 있던 집을 헐고 그 자리에 터를 닦았다. 가장 단순한 형태의 골격에 전시실은 최대한 넓게 하고 외부를 미로처럼 구성하여 외관의 단조로움을 극복하고자 했다. 아버지의 그림을 넣어 구워 낸 타일 7,500장을 미술관 외벽에 장식하고 나니, 아버지의 평가가 궁금했다. '꿈을 꾸는 것 같다! 내 아들이지만 니 대단하다!' 새벽 어스름에 눈을 뜨고 깜깜한 밤의 장막 속에 잠들며 보낸 그해 겨울은 내 일생 가장 뜨거운 겨울로 남았다. 그리고 아버지는 남은 여생을 전시실과 연결된 작업

전혁림 화백(1916~2010) 색채의 마술사로 불리는 서양화가 전혁림은 아흔이 넘는 나이에도 작업실에서 엄청난 양의 그림을 그렸다.

실을 오가며 더 왕성하게 작품 활동에 매진하였다.[17]

전혁림 화백 가족이 30년 이상 살던 집터에 아버지의 이름을 단 미술관을 만들고 가슴 벅찼던 아들의 회고다. 미술관 한편에 마련된 작업실에서 전혁림 화백은 아흔이 넘어서

16·17 전영근, 『그림으로 나눈 대화』, 남해의봄날, 2015.

까지 작품 활동을 했다. 노년에 들어선 그였지만 엄청난 작업량을 보였다. 그만큼 아들이 만든 미술관이 마음에 들었다는 뜻이겠다. 현재 1·2층은 전혁림 화백의 작품과 유품이, 3층은 전영근 화백의 작품이 전시돼 있다. 건물의 미로 같은 내부가 독특해 돌아다니는 재미도 있다.

통영 여행의 필수 코스, 봄날의 책방

2014년 10월 전혁림미술관 옆 오랫동안 비어 있던 집을 고쳐 봄날의 책방이 문을 열었다. 봄날의 책방은 통영에 있는 출판사 남해의봄날이 운영하는 조그만 동네 서점이다. 지금처럼 독립서점이 전국적으로 많이 생기기 전에 문을 연 원조 독립서점이다.

봄날의 책방은 원래 네 평 정도의 작은 공간이었다. 박경리, 전혁림 등 통영의 예술가와 책을 주제로 만든 북스테이 '봄날의 집'과 함께 운영됐다. 출판사 남해의봄날이 유명해진 덕도 있지만 작고 아기자기한 공간, 알찬 큐레이션 덕에 책방을 찾는 이들이 점점 늘었다. 동네 사랑방 노릇도 하면서 2017년에는 숙소를 방 하나로 줄이고 대신 책방을 넓혔다. 그러자 사람들이 책방과 봉숫골에 머무는 시간이 더 길어졌다.

봄날의 책방에는 정말 다양한 사람들이 찾아온다. 책을 좋아하는 사람은 물론이고 유명세를 따라 구경하러 온 이들도 많다. 책방을 찾는 모든 사람이 한두 권씩 책을 사주면 좋겠지만 꼭 그렇지만은 않다. 때로 시장 구경하듯 책방을 한바탕 휩쓸고 사라지는 단체 관광객들도 있다. 하지만 그만큼 봄날의 책방이 통영 여행의 필수 코스가 되었다는 뜻이겠다.

서울 생활에 지친 젊은 부부가 일 년만 쉬자며 연고도 없는 통영으로 왔다가 그대로 정착해 버린 것이 봄날의 책방의 시작이었다. 마케팅 일을 하던 정은영 씨와 건축 일을 하던 강용상 씨가 의기투합해 그들만의 방식으로 지역 문화를 일구자며 출판사와 책방을 열었다.

봄날의 책방은 처음부터 여행객이 아니라 지역민을 위한 공간이었다. 낡은 집을 활용해 지역 재생을 도모하고 공동체를 활성화하려는 취지였다. 출판사 남해의봄날 또한 대안적인 삶을 제시하고, 지역의 공동체 문화와 지역성의 소중함을 담은 책을 주로 펴낸다. 직원을 채용하기 위해 올린 글만 봐도 이들이 어떤 생각으로 출판사와 책방을 운영하고 있는지 알 수 있다.

2012년 7월 첫 책을 낸 이후 만 7년 동안 45권의 책을 출간하고, 아름다운 예술의 도시 통영의 문화예술을 알리는 북스테이 겸 작은 책방을 함께 운영하는 통영의 출판사입니다. 제53회 한국출판문화상 편집 부문 대상을 수상한 〈나는 작은 회사에 다닌다〉, 전국에 작은 책방 붐을 일으킨 〈작은 책방, 우리 책 쫌 팝니다!〉, 영국 BBC 방송을 통해 전 세계에 알려진 〈동전 하나로도 행복했던 구멍가게의 날들〉 (중략) 등을 출간하며 독자들과 함께 소통해왔습니다. 작은 바닷가 마을에서 책을 만들고 책을 통해 다양한 사람들과 소통하며 새로운 삶을 살아가고자 하는 분들의 많은 지원 바랍니다.

지역에서 나고 자란 지원자들을 '특급 우대'한다고도 적혀 있다. 2019년 봄날의 책방은 지역과 함께하려는 노력을 인정받아 대한민국 공간문화대상에서 최우수상을 받았다. 봄날의 책방에 가면 살뜰하게 꾸며진 작은 구석까지 유심히 살펴보자. 가능하면 책도 한 권 사자. 첫 장에 책방 도장까지 찍으면 훌륭한 통영 관광 기념품이 될 것이다.

봄날의 책방 출판사 남해의봄날에서 운영하는 동네 책방으로, 통영 사람들의 삶과 예술을 담은 책들과 아기자기하게 꾸민 공간 덕에 통영 여행의 필수 코스가 됐다.

일러스트레이터 밥장의 내성적싸롱 호심

봄날의 책방 옆에 난 좁은 골목으로 들어가면 내성적싸롱 호심(湖心)이 있다. 2019년 9월에 문을 연 이곳은 제법 구석진 데에 있어도 인터넷으로 찾아보고 오는 사람이 많다. 독특하고 예쁜 카페인 내성적싸롱 호심은 일러스트레이터이자 여행작가인 밥장(본명 정석원)이 만든 동네 사랑방이자 복합문화공간이다.

밥장은 삶의 이력부터 독특하다. 10년간 다니던 대기업을 그만두고 서른 중반에 그림으로 밥벌이를 시작했다. 유명 잡지 표지를 그리기도 하고, 대기업 마케팅 일러스트 작업을 하기도 했다. 심지어 모 의류 브랜드에서 그의 이름을 단 제품도 만들었다. 좋아하는 일을 하며 먹고사는 사람으로 알려져 강연 초대도 많이 받는다. 여행작가이기도 해서 일 년에 한 달은 외국에 나간다. 그런 그가 오로지 본적이 통영이라는 이유로 통영에 눌러앉아 버렸다. 밥벌이를 위해 서울과 외국을 자주 다니지만 통영에서의 일상을 누리며 그는 관광지가 아닌 통영의 진짜 매력에 푹 빠져들었다.

버스 정류장에 내려 두 번째 집까지 천천히 걸어 내려

온다. 골목 하늘을 채우던 벚나무 잎들은 하루가 다르게 떨어져 바닥에 쓸린다. 흑백사진관 입간판과 모퉁이 카페를 지나 왼쪽으로 꺾으면 작은 책방과 전혁림미술관이 나온다. (중략) 짧은 거리인데도 동네 사람 한둘은 꼭 만난다. 그때마다 가벼운 인사만으로 넘어가는 법이 없다. 정원에 줄 비료는 냄새 안 나는 지렁이 흙이 좋다거나 새로 생긴 일본식 튀김덮밥집 튀김은 바삭하기보다 촉촉하더라 같은 깨알 같은 이야기를 길바닥에서 주고받는다. 5분이면 충분한데 10분, 20분이 걸리는 건 예사다.[18]

이렇게 그는 통영에서 마음에 맞는 친구들을 하나둘 사귀며 재미있는 일들을 함께 만들기 시작했다. 최근 몇 년 동안 통영에서 재미난 공연이나 흥미로운 강연이 부쩍 늘어난 이유도 밥장과 관련이 있다. 2019년 여름, 2회째 열린 통영 인디페스티벌 개최도 밥장이 주축이 됐다. 통영에서 열렸던 기존 행사들에서는 보기 어려운 젊음 가득한 페스티벌이었다.

---

18 밥장, 『밥장님! 어떻게 통영까지 가셨어요?』, 남해의봄날, 2019.

내성적싸롱 호심은 밥장이 통영에서 두 번째로 만든 공간이다. 지금은 살림집으로 쓰는 '믿는 구석 통영'이 그의 첫 공간이었다. 강연 같은 행사를 열면서 지인들만 드나들던 이곳 대신 더 많은 사람을 만날 곳이 필요했다. 마음에 딱 맞는 건물을 찾는 데만 1년이 걸렸다. 이렇게 마련한 곳이 내성적싸롱 호심이다.

호심에서는 커피도 팔고 까다롭게 고른 맥주도 판다. 강연과 북토크가 진행되고, 글쓰기나 그림 교실도 열린다. 통

내성적싸롱 호심 일러스트레이터이자 여행작가인 밥장이 운영하는 카페 겸 복합문화공간이다. 북토크나 그림 교실이 자주 열린다. 삼문당 원두로 내린 커피와 밥장이 까다롭게 고른 맥주를 마실 수 있다.

영에서 개성 있는 공간을 운영하는 젊은 사장들의 사랑방 역할도 한다. 운이 좋으면 밥장과 낮맥(낮에 마시는 맥주)을 할 기회도 생긴다. 호심에서는 혼자여도 전혀 어색하지 않다. 마당으로 난 큰 창가에 앉아 생각에 잠겨도 좋고, 편안한 거실 테이블에서 책을 읽어도 된다. 그러고 있으면 밥장이 슬쩍 말을 붙일지도 모른다.

봉숫골을 지키는 가게들

요즘 봉숫골에는 전혁림미술관과 봄날의 책방, 내성적싸롱 호심뿐 아니라 재미난 가게와 맛있는 식당이 많다. 입구 안내판에 그려진 동네 지도만 봐도 80곳이 넘는다. 절반 이상은 동네 주민을 위한 가게들과 등산객을 위한 음식점이다. 특히 찜 전문점이 많은데, 오래전부터 봉숫골은 주민들에게 아귀찜 거리로 유명한 동네다. 최근에 생겨 입구 지도에 없는 가게도 있다. 그럴 때는 봄날의 책방에 가서 최신 동네 지도를 한 장 얻자. 서른 곳 정도의 작은 가게들이 소개돼 있다. 봉숫골에는 오래되어 멋이 나는 곳도 가득하다. 어르신들이 아침 목욕을 하는 동네 목욕탕 '약수탕'은 그 자체로 영화의 한 장면이다. 오르막길 중간 즈음 150년 된 오랜

봉숫골의 봄 매년 봄 용화사 가는 도로 양쪽으로 벚꽃이 흐드러지게 피면 '봉숫골 꽃나들이' 축제가 열린다.

느티나무 아래서 시간을 보내시는 어르신들의 표정, 주택가 안으로 난 좁은 골목들에서 봉숫골의 정겨운 매력을 발견할 수 있다.

더 보기 : 봉숫골 주변

- **빌레트의 부엌×봉수** : 오래된 이층집을 고쳐 문을 연 깔끔한 식당이다. 내부에 '정도악 도가'란 작은 술공장이 있어 직접 만든 생약주를 맛볼 수 있다. 김창남국수나 명란덮밥에 생약주를 곁들인 낮술 메뉴가 독특하다. 2층 창가에 앉아 벚나무 그늘이 진 봉수로를 보면서 한잔하기 딱 좋다.
- **니지텐** : 한 번 냄새를 맡으면 그냥 지나칠 수 없다는 일본식 튀김덮밥(텐동) 맛집이다. 무려 10가지 튀김이 올라가는 스페셜 텐동은 1만 4,000원이 아깝지 않을 정도로 푸짐하다.
- **모노드라마** : 골목 안에 있는 흑백사진관이다. 캘리그라피를 접목한 흑백사진으로 의미 있는 추억을 남길 수 있다. 1인당 최소 인화 비용은 1만 원, 촬영비는 따로 받지 않는다.
- **릴리봉봉** : 봉숫골 가장 깊숙한 곳에 있는 카페. 전혁림미술관에서도 골목 안으로 더 들어가야 한다. 아침 일찍 문을 여는데 호밀빵을 기본으로 하는 브런치 메뉴가 맛있다. 스페인 문어요리인 뽈보도 별미다.
- **몸과 마음** : 봉숫골 도로 끝자리에 있다. M자 두 개만 있는 간판과 좁은 공간을 가득 채운 빈티지 장식이 독특하다. 카페라떼가 맛있기로 소문난 집이다.
- **오월** : 봉숫골 주변 도남동에 있는 원테이블 레스토랑. 프랑스에서 유명한 르 꼬르동 블루를 수석 졸업한 김현정 셰프가 운영한다. 테이블이 하나라서 꼭 예약을 해야 한다. 예약 시 셰프와 상의해 메뉴를 정할 수 있다.

15 미륵산

통영 풍경의 진면목을 볼 수 있는 산

바람이 거세던 어느 여름날 미륵산 케이블카를 타러 갔다. 바람이 많이 불었던 게 문제였다. 케이블카 운행이 중단됐다. 잠시 고민하다가 걸어서 미륵산을 올라가기로 했다. 정상까지는 2시간 정도 걸린다. 케이블카 승강장에서 멀지 않은 봉숫골 등산로를 택했다. 신라 선덕여왕 때 만들어져 1,400년 가까이 된 용화사를 지나는 길이다.

용화사는 통영에서 가장 유서 깊은 절이자 통영에서 유일하게 템플스테이를 할 수 있는 곳이다. 막상 들어가보니 구성이 조촐하다. 유명한 사찰이지만 웅장하거나 화려하지 않다. 사찰 앞 아름드리 단풍나무도 인상적이다. 지면 가까이 늘어진 풍성한 가지, 그 가지와 잎이 만든 그늘이 편안해서 한참을 머물렀다. 나뭇잎이 바람에 느리게 흔들리며 내는 쏴 하는 소리가 근처 작은 연못에서 졸졸대는 물소리와 어우러진다. 사찰에 들지 않아도 이미 속세를 벗어난 것 같다.

용처럼 우뚝 솟은 미륵산

높이 461m인 미륵산은 실질적으로 통영을 대표하는 산이다. 실제 통영에서 가장 높은 산은 고성군과 통영시 경계에 있는 벽방산으로 높이가 650m다. 통영 지역 산맥이 대부분이 산에서 뻗어 나온다. 벽방산에서 시작한 산맥은 천개산, 도덕산, 제석봉을 거쳐 높이 174m의 여황산으로 이어진다.

여황산의 토박이 지명은 안뒷산(안띠산)이다. 통제영 뒷산이란 뜻이다. 여황은 중국 춘추전국시대 오나라 임금이 아끼던 호화롭게 장식된 배다. 조선 수군의 총본부 통제영 뒷산에 어울리는 이름이다. 풍수적으로 통영의 주산(主山)은 여황산이다. 미륵산은 여황산의 객산(客山)이다. 쉽게 말해 통영의 중심 산은 여황산이고, 미륵산은 이를 보조하는 산이다. 하지만 오늘날 통영 하면 대개 미륵산을 떠올린다. 산세가 훌륭하고 풍경이 좋아 존재감이 큰 까닭이다.

"미륵산 때문에 통영 사람은 외지로 나가야 성공하고, 통영에서는 외지 사람이 더 성공한다는 말이 있어요."

미륵산 정상에서 만난 통영시 문화관광해설사의 설명이다. 객산인 미륵산의 우렁찬 산세가 주산인 여황산을 압도하기 때문에 그렇단다. 통영 토박이인 소설가 박경리나 음악가 윤이상은 바깥으로 떠돌며 명성을 얻었고, 반대로 외지인인 화가 이중섭과 시인 백석은 통영을 다녀가며 큰 족적을 남겼다는 것이다. 풍수가들은 미륵산의 멋진 산세 덕분에 예술적인 기운이 통영에 가득하다고 해석하기도 한다.

미륵산의 이름은 미륵불과 관련이 있다. 신라 원효대사

미륵산 용화사 신라 선덕여왕(632~646년) 때 지어진 용화사는 통영에서 가장 오래된 절이다. 용화사, 미륵산 모두 불교 미륵 신앙과 관련 있다.

가 미륵산을 올라보고는 '미래 부처가 찾아온다'고 예언을 했다고 한다. 불교 설화에서 미래 부처는 미륵불(彌勒佛)로 미래 세계에 나타나 용화수(龍華樹) 아래서 모든 중생을 제도한다는 부처다. 미륵산을 다른 말로 용화산이라고도 하는데, 미륵산 입구 용화사에서 가져온 이름이다.

통영 토박이들은 미륵산을 며르뫼, 미르뫼라고 불렀다. 며르, 미르, 미리는 모두 용(龍)을 뜻하는 고유어다. 다시 말해 미르뫼는 용산(龍山)이고 애초에 통영에 살던 주민들은 미륵산을 용으로 여겼다는 말이겠다. 이것이 나중에 불교 미륵 신앙과 합쳐져 한자 이름 미륵산으로 바뀌었을 가능성이 크다.

미륵산 자락에 있는 미래사는 법정 스님이 출가해 효봉 스님을 은사로 삼아 행자 생활을 했던 절이다. 미래사는 1954년 창건했으니 그리 오래된 사찰은 아니다. 고려 태조 26년(943년)에 창건한 도솔암이 용화사와 더불어 미륵산 양대 천년 사찰이다.

정상에서 보는 통영 섬의 향연

아름다운 산세와 천년 사찰 외에도 미륵산을 올라야 할 이유는 많다. 개중에 가장 큰 이유는 통영 섬 전체를 조망하기에 이만한 곳이 없다는 사실이다.

통영은 전남 신안군에 이어 전국에서 두 번째로 섬이 많다. 2018년 기준으로 570개 섬이 있다. 이 중 유인도가 44개, 무인도는 526개다. 통영 앞바다의 섬들은 곧 산이다. 바닷물이 없다고 상상하면 이해가 될 것이다. 남해안은 복잡한 리아스식 해안으로 원래 있던 육지가 가라앉으면서 형성된 지형이다. 바닷물이 들어오면서 산 중에 높은 산들만 남아 섬이 된 셈이다. 그러니 바다 위로 펼쳐진 570개 섬은 모두 높은 산이었다.

온통 바위인 미륵산 정상 주변으로 데크 전망대가 많다. 신선대 전망대, 한산대첩 전망대, 한려수도 전망대, 통영항 전망대, 통영상륙작전 전망대, 박경리 묘소 전망 쉼터, 봉수대 쉼터, 당포해전 전망대. 전망대 안내판마다 눈앞으로 보이는 섬 이름이 적혀 있다.

정상에서 산 아래 케이블카 승강장 방향을 볼 때 가장 거대한 땅은 거제도다. 그 사이 바다 위 가장 큰 섬이 한산도다. 남해안을 아우르는 해상공원 이름인 '한려수도'는 바로 이 한산도에서 시작해 사천, 남해를 거쳐 전남 여수에 이르

미륵산에서 본 통영 도심 미륵산 정상에 오르면 통영을 전체적으로 조망할 수 있다. 미륵산에 올라 이 풍경들을 만나야 통영을 제대로 봤다고 할 수 있다.

는 바닷길을 말한다. 한려해상국립공원은 한산도를 지나 거제 지심도까지 이어져 있다. 미륵산 정상에서 보는 풍경을 한려해상국립공원이라 생각해도 상관없다. 한산도 옆으로 용초도, 비진도, 오곡도, 국도, 연대도가 있고 그 뒤로 희미하게 연화도, 우도, 초도, 욕지도, 하노대도, 상노대도, 두미도가 그리고 다시 가까이 곤리도, 그 뒤로 추도 그리고 가장 왼쪽으로 사량도가 보인다. 실제 크기로 보면 미륵산이 있는 미륵도가 가장 크다. 두 번째가 상·하도를 합친 사량도, 그리고 한산도, 욕지도 순이다.

미륵산 정상에서는 통영 섬뿐 아니라 거제와 남해 그리고 멀게는 대마도까지 보인다. 또 통영 도심과 그 너머 벽방산으로 이어지는 산세도 훤히 볼 수 있다. 그러니 미륵산에 오르고야 통영을 제대로 봤다고 할 수 있다.

미륵산을 보고 즐기는 방법

미륵산 정상은 케이블카를 타고 쉽게 오를 수 있다. 정확한 명칭은 '통영 미륵산 한려수도 조망 케이블카'다. 2008년에 설치된 후 엄청나게 많은 관광객들이 다녀가는 명소다. 케이블카로 10분 정도 올라가면 8부 능선에 있는 승강장에 도착한다. 올라가는 동안 통영 시내와 앞바다, 그 너머 섬들이 그윽하게 펼쳐진다. 정상 쪽 승강장 자체가 이미 훌륭한 전망대지만 정상까지 직접 걸어 올라보면 좋겠다. 나무 데크 길을 5분 정도만 걸으면 된다. 정상에는 통영시 문화관광해설사가 항상 대기하고 있다. 미륵산 자락의 유명한 명당 야솟골(금평마을)이나 박경리 선생 묘소가 있는 독뫼(獨山) 혹은 동뫼(東山) 이야기를 들을 수 있다.

산 아래 케이블카 승강장 옆에 2017년 2월 개장한 스카이라인 루지 시설이 있다. 원래 루지(luge)는 동계 스포츠 중 무동력썰매 종목을 말한다. 스카이라인 루지는 특수 제작된 카트를 타고 땅의 경사와 중력만을 이용해 경사면 트랙을 빠른 속도로 내려오는 놀이시설이다. 개장 첫해 180만 명이 다녀갔을 만큼 젊은이들에게 인기가 많다.

시대가 변하면서 지금은 미륵산을 찾는 이들이 줄었다. 하지만 통영 풍경의 진면목을 볼 수 있는 미륵산은 여전히 빠뜨릴 수 없는 명소다.

미륵산에서 본 통영 다도해 미륵산 정상에 오르면 푸른 바다 위 흩뿌려진 통영 섬들을 한눈에 볼 수 있다.

16 통영국제음악당

음악창의도시 통영에서 즐기는 클래식

매년 3월 통영에서는 통영국제음악제(TIMF·Tongyeong International Music Festival)가 열린다. 통영이 낳은 세계적인 음악가 윤이상을 기념하는 행사다. 2000년에 시작해 지금은 아시아의 대표적인 음악 축제가 됐다. 매년 3월 하순에서 4월 초순까지 열흘간 이어진다. 이때가 되면 전국은 물론 외국에서도 청중이 몰려든다. 그 해 음악제의 주제를 보여주는 개·폐막 공연은 표를 구하기가 어려울 정도다.

경남 유일 클래식 전용 공연장

통영국제음악당은 오롯이 통영국제음악제를 위해 만든 지상 5층 규모의 음악당이다. 2013년 11월 8일 준공 기념식을 진행했고, 2014년 3월 28일 통영국제음악제를 시작하며 정식으로 개관했다. 음악당의 핵심은 우리나라 최고 수준의 음향 시설을 갖춘 콘서트홀(대극장)이다. 1,300석 규모로 5층까지 객석이 있고 경남에서는 유일한 클래식 전용 공연장이다. 시설과 규모가 전국에서도 다섯 손가락 안에 든다.

음악당은 통영시를 상징하는 갈매기 두 마리가 바다를 향해 날아오르는 모양이다. 멀리서 지붕을 보면 갈매기 모양이 정확히 보인다. 음악당 앞 잔디밭에 세운 빨간색 음표 조형물도 강렬한 인상을 준다.

통영국제음악당은 미륵도 도남관광단지 언덕 위에 있다. 음악당 사방을 유리로 만들어 바깥 풍경을 건물 안으로 최대한 끌어들였다. 정원 야자수와 그 너머 가지런히 정박한 요트들이 어우러져 이국적인 느낌을 준다. 요트 선착장을 감싼 방파제 끝에는 연필을 닮은 등대가 서 있다. 연필 모양 등대에는 통영이 낳은 문학가들을 기리고, 이들의 에너지가 밝은 불빛이 되어 후세를 비춘다는 의미가 담겨 있다. 음악당 뒤편 바다 너머로 화도와 한산도가 보인다. 두 섬이 가까이 있어 바다는 넓은 호수 같다. 이 바다 위로 통영항을 오가는 배들이 분주하다.

통영국제음악당 갈매기가 날아오르는 모양의 지붕 앞뒤로 언덕과 푸른 바다의 풍경이 선명하게 나뉜다.

거장이 잠든 바닷가에서

음악당 뒤편 전망대에 윤이상 묘소가 있다. 독일 베를린 가토우 공원묘지에 있던 묘를 이곳으로 옮겨왔다. 2018년 3월 30일 이곳에서 '윤이상 선생 묘소 이장 및 추모식'이 열렸다. 보수단체의 반발을 염려해 추모식 며칠 전에 안장을 미리 끝낸 터였다. 윤이상은 통영을 떠난 지 63년, 1995년 독일에서 타계한 지 23년 만에 고향으로 돌아왔다.

그는 평소 '나이가 들어 음악을 그만두면 통영 조용한 섬에서 종일 낚시나 하며 살다가, 죽고 나면 바로 그 땅에 묻히고 싶다'는 말을 자주 했었다.

> 나는 열심히 할 수 있는 일을 하고 그리고 어느 날 은퇴해 고향으로 돌아가 그저 조용히 바닷가에 앉아 물고기를 낚고 마음속으로 음악을 들으면서 그것들을 써두려고도 하지 않으며, 위대한 고요함 속에 내 몸을 뉘었으면 하고 생각합니다. 또 나는 그 땅에 묻히고 싶습니다. 내 고향 땅의 온기 속에 말입니다.[19]

---

19 윤이상·루이제 린저, 『윤이상, 상처 입은 용』, 알에이치코리아, 2017.

통영국제음악재단 제공

음악 교사 시절 윤이상(앞줄 오른쪽 세 번째)과 학생들 화양학원 음악 교사로 활동하다 독일로 유학을 떠난 윤이상은 한시도 고향 통영을 잊은 적이 없다는 말을 남겼다.

많이 늦긴 했지만 윤이상은 이제 생전의 바람대로 조용한 고향 바닷가에 몸을 뉘었다.

통영국제음악당 옆에 최근 새로 지은 '스탠포드 호텔앤리조트 통영'이 있다. 현재 통영에서 제일 큰 호텔이다. 뉴욕 맨해튼에 본사를 둔 스탠포드호텔그룹이 직영하는 호텔 체인이다. 언덕 위에 있어 객실에서 보는 경관이 근사하다.

하지만 도남관광단지의 터줏대감은 '금호통영마리나리조트'다. 1994년 4월 개장 당시는 충무마리나리조트였다. 우리나라 최고 해변 휴양지로 각종 언론에서 많이 소개되었다. 1997년 미륵도가 관광특구로 지정되고 미륵도 관광이 유행하면서 더욱 유명해졌다. 20년이 훨씬 더 지난 시설이지만 지금도 꽤 많은 여행객이 찾는 숙소다.

마리나(marina)는 요트 같은 해양 스포츠를 즐기도록 조성한 해변 종합 관광 시설을 뜻한다. 마리나리조트 앞에 수십 척의 요트가 나란히 정박해 있는 이유다. 실제로 리조트에서 제트스키, 투명카약, 요트 등 다양한 체험 상품을 운영하고 있다. 10인승이나 25인승 요트로 한산도까지 다녀오는 코스가 가장 무난한 선택이다.

매력 넘치는 해변 산책로

도남관광단지의 숨은 매력은 해변 산책로에 있다. 바다와 바다 건너 한산도, 그 사이를 오가는 배들과 해안가 바위섬들이 어우러져 걷는 맛이 제법이다. 통영마리나리조트 뒤쪽에서 시작해 해안을 따라 통영공설해수욕장까지 다녀오는 산책로를 추천한다. 이렇게만 걸어도 왕복 40분 정도는 걸린다. 산책로를 걷다 만나는 통영공설해수욕장은 귀여울 정도로 작다. 수륙마을에 있어 수륙해수욕장이라고도 한다. 통제영 시절 죽은 군인들의 영혼을 달래는 제사 의식, 수륙

삼칭이길과 복바위 푸른 물빛 바다를 즐길 수 있는 삼칭이길에는 옛 전설과 생긴 모양 탓에 남근 바위로 불리다 후세 사람들이 다시 이름 붙인 복바위도 있다.

제를 이곳에서 지냈다. 지금 수륙마을은 온통 펜션으로 가득하다.

산책로는 통영 한산대첩길 5개 코스 중 5코스 삼칭이길에 속한다. 아예 작정하고 삼칭이길 전체를 걸어봐도 좋다. 통영마리나리조트에서 산양읍 영운마을까지는 4km 정도, 왕복 2시간 거리다. 자전거나 킥보드를 타고 다니는 이들도 많다.

삼칭이란 이름은 코스가 끝나는 일운, 영운, 이운 세 마을을 일컫던 옛 지명이다. 한자로 삼천포 혹은 삼천진에서 유래한 이름이다. 놀랍게도 조선시대에는 이곳이 삼천포였다. 통영에 통제영을 설치하면서 지금의 사천시 지역으로 삼천포를 옮겼다.

삼칭이길의 하이라이트는 마을에 도착하기 직전에 있는 복바위다. 바닷가에 나란히 있는 세 개의 바위섬이다. 이 바위섬에는 옛날 옥황상제 호위병 셋이 선녀 셋과 이곳에서 몰래 사랑을 나누다, 옥황상제에게 들켜 벼락을 맞아 모두 바위가 되었다는 전설이 있다. 생긴 모양에 음탕한 짓을 했다는 전설까지 더해져 원래는 남근바위로 불렸다. 이를 민망하게 생각한 후세 사람들이 다시 복바위란 이름을 붙였다.

17 박경리 묘소

작가의 성품을 닮은 소박한 무덤가

소설가 박경리 선생의 무덤을 처음 찾은 게 10여 년 전이다. 무덤이 있는 곳은 미륵산 자락 양지농원 안이다. 양지농원이 선생을 위해 제공한 땅이다. 원래 주차장이었던 자리에 들어선 박경리기념관이 보인다. 2010년 4월 개관한 박경리기념관에는 선생의 작품뿐 아니라, 선생이 돌아가시기 전까지 작품을 썼던 강원도 원주 집필실도 재현해 놓았다. 책등이 다 떨어지고 종이가 누렇게 바랜 두꺼운 국어사전이 탁자 위에 펼쳐 있다. 그 위에 놓인 까만 테두리의 돋보기는 만년까지 글을 쓰며 진실에 가까운 언어를 찾고자 애쓴 선생의 흔적이다. 기념관에서 무덤까지 천천히 오르막을 오른다. 농원을 지나는 듯, 가는 길이 참 소박하다.

박경리기념관 내부 선생이 돌아가시기 전까지 작품을 썼던 강원도 원주 집필실을 재현해 놓았다.

따뜻한 위로를 주는 무덤가

완만한 경사를 오르면 산비탈을 공원처럼 꾸민 곳이 나온다. 입구에 안내판이 서 있고 언덕 위로 길이 지그재그 나 있다. 여기서부터 박경리 선생의 묘역이다.

> 잔잔해진 눈으로 뒤돌아보는 청춘은 너무나 짧고 아름다웠다. 젊은 날엔 왜 그것이 보이지 않았을까.

처음 이 문구 앞에서 한참을 머물렀다. 박경리 선생의 시 「산다는 것」의 마지막 연이다. 지금도 공원 입구 화장실 옆 식수대 몸통에 새겨 있다. 젊은 시절을 힘들게 보냈으나 늙은 몸으로 되돌아보니 그래도 청춘은 너무나 아름다웠다는 선생의 말씀. 쓸쓸한 마음으로 무작정 찾아간 묘소의 화장실 옆에서 우연히 만난 이 구절은 봄날 햇볕처럼 따뜻한 위로를 주었다. 무덤으로 가는 오르막에는 이렇게 박경리 선생의 글귀가 드문드문 새겨 있다. 하나하나 천천히 읽으며 오르니 마음이 차분해진다.

미륵산 자락에 놓인 선생의 무덤은 소박하고 단정하다. 2008년 5월에 선생이 돌아가시고 이곳에 안장됐을 때부터

박경리 묘소와 주변 풍경 잔디와 소나무로만 조성한 무덤과 평화로운 주변 풍경은 화려함과는 거리가 멀었던 작가의 성품을 닮았다.

묘소는 잔디를 씌운 봉분과 소나무뿐이다. 한국 문단의 거장을 기릴 만한 거창한 장식은 없다. 화려한 것과 거리를 두며 사셨던 선생의 평소 성정에 맞춘 것이다.

무덤가는 조용하고 따뜻하다. 더러 사람들이 다녀가지만 뫼등에 오래 머물진 않는다. 대부분 바로 아래 벤치나 팔각정에 앉아서 잠시 이야기를 나누다 내려간다. 나 역시 선생의 무덤을 찾아 왔지만 무덤과 나란히 서서 풍경을 더 오래 바라보았다. 양쪽 산 사이 농지가 바다까지 이어진다. 바다는 조각만 하게 보이고 그 너머 한산도가 보인다. 대단한 풍경은 아니지만 오래 바라보게 되는 풍경이다.

통영, 하동, 원주, 러시아에 선 똑같은 동상

기념관 입구 앞마당에 박경리 선생의 전신 동상이 있다. 높이 1m 35cm로, 안경을 쓴 선생이 책을 들고 서 있는 모습이다. 이곳 말고 하동 박경리문학관, 원주 토지문학관 그리고 러시아에서 가장 역사가 오래된 상트페테르부르크 국립대 동양학부 건물 안에도 완전히 똑같은 동상이 서 있다. 모두 같은 거푸집에서 찍어낸 것이다.

이야기는 2012년으로 거슬러간다. 한국과 러시아 우호

박경리 동상 박경리기념관 앞 선생의 전신 동상은 통영뿐 아니라 원주, 하동, 러시아에도 똑같은 모습으로 서 있다.

증진을 위한 민관협의체인 한러대화(Korea-Russia Dialogue 이하 KRD) 사무국에 러시아 국민 시인 푸시킨의 동상을 서울에 건립해 달라는 요청이 들어왔다. KRD는 한국과 러시아의 지속적인 관계 발전을 위해 2013년 11월 13일 서울 중구 롯데호텔 단지 안에 푸시킨 동상을 세웠다. 이날 마침 양국 정상회담이 있어 제막식에 블라디미르 푸틴 러시아 대통령도 참석했다.

이날 열린 KRD포럼에서 러시아를 대표하는 작가 동상을 서울에 세웠으니 러시아에도 한국을 대표하는 작가 동상을 세우기로 결정했다. 이때 한국 대표 작가로 박경리 선생이 선정되었다. 2014년 토지문화재단은 서울대 조소과 권대훈 교수에게 동상 제작을 맡겼다. 그해 말 선생의 동상이 완성됐으나 국제 사정으로 러시아 박경리 동상 제막식은 늦춰졌다. 이 와중에 통영시는 2015년 10월 '통영예술제' 행사를 진행하며 박경리기념관에 동상을 세웠다. 같은 시기 하동군도 박경리문학관에 동상을 건립했다. 강원도 원주에서는 2018년 5월 박경리 선생 추모 10주기를 맞아 동상을 세웠다. 드디어 그해 6월 문재인 대통령과 푸틴 러시아 대통령의 정상회담에 맞춰 러시아에서도 동상 제막식이 열렸다.

가장 먼저 만든 동상이 가장 늦은 제막식을 치렀다.

힘들고도 위대했던 선생의 여정

4개의 동상은 모두 똑같지만 동상 받침대에 새긴 글귀는 다르다. 통영과 하동에 있는 것에는 '버리고 갈 것만 남아서 홀가분하다'란 문구가, 원주에 있는 것에는 '꿈꾸는 자가 창조한다'란 문구가, 러시아에 있는 것에는 '슬픔도 기쁨도 왜 이리 찬란한가'란 글귀가 새겨졌다. 러시아 동상 받침대에는 러시아어로 적힌 선생의 소개문도 함께 있다.

대한민국을 대표하는 작가, 한반도 남단의 통영에서 태어나 82세를 일기로 세상을 하직할 때까지 수많은 소설과 시와 수필을 남겼다. 격동의 한국 근현대사를 장대한 서사 속에 담아낸 대하소설『토지』가 대표작이다. 삶에 대한 깊은 성찰을 바탕으로 인간 존엄성에 대한 흔들리지 않는 믿음을 노래했으며 유려하면서도 대담한 문체로 국가와 개인의 운명을 문학적 기념비로 승화시켰다.

박경리 선생의 고향인 통영,『토지』의 배경이 된 하동, 마지막까지 창작열을 불태운 원주, 한국 대표 작가로 선정된 러시아 상트페테르부르크까지, 힘들고도 위대했던 선생의 여정이 이렇게 마무리됐다. 박경리기념관 앞 선생의 동상은 이제야 쉼을 누리는 듯 편안한 얼굴이다.

18 만지도

명품마을에서 먹는 전복해물라면

통영시 산양읍 연명항에서 여객선 홍해랑호가 출발한다. 뱃머리를 바다로 돌리자 통영 섬들이 펼쳐진다. 15분도 지나지 않아 만지도 선착장으로 배가 들어선다. 연명항과 만지도를 한 시간 단위로 오가는 홍해랑호를 두고 주민들이 마을버스라 부를 만하다.

선착장 근처에는 카페 '홍해랑'이 있다. 동네 사랑방 같은 곳이다. 카페 이름이 금방 타고 온 배 이름과 같다. 이전에는 마을에서 직접 여객선을 운영했다. 그때도 배 이름이 홍해랑이었다.

"원래는 해랑인데, 배 하던 사람이 홍 씨거든. 홍해랑이라 하니까 훨씬 부드럽잖아? 그래서 그대로 쓰게 됐지."

홍해랑의 뜻이 무어냐고 주민들에게 물어보아도 별다른 뜻은 없단다. 부르기 좋아 붙인 이름에 정겨움이 더해 굳어졌나 보다.

'늦은 땅' 명품마을 만지도

2015년 만지도가 전국 14호 명품마을로 지정되었다. 국립공원관리공단에서 국립공원 내 자연생태계가 잘 보존된 농어촌을 대상으로 명품마을을 지정한다. 명품마을로 선정되면 국립공원관리공단이 자체 예산을 투입해 마을 내 표지판뿐 아니라 생태체험시설까지 만들어 준다. 2019년 기준으로 전국에 17개 명품마을이 있다. 한려해상국립공원 안에는 만지도를 포함해 거제시의 내도마을과 함목마을까지 총 세 곳이 있다.

만지(晩地)란 이름은 한자 그대로 늦은 땅이란 뜻이다. 주변 섬 중에 가장 늦게 사람이 살기 시작했다고 전해진다. 그만큼 사람 손을 덜 탔기에 명품마을이 될 수 있었는지도 모른다. 명품마을로 선정되고 국립공원관리공단에서 적극적으로 만지도를 홍보하자 조용한 섬마을에 관광객이 몰려들기 시작했다. 밀려드는 인파에 여객선 수와 운항 횟수를 늘려야

만 했다. 마을 자체 예산으로는 감당할 수 없어 유람선 사업자와 협약을 맺고 추가로 운항하는 여객선이 홍해랑호다.

해안 절벽을 따라 걷는 몬당길

만지도는 실제로 아주 작은 섬이다. 넓이는 7만 평이 조금 넘고 해안선 길이도 다 합쳐봐야 2km 정도다. 마을이라고는 통영이 보이는 북쪽 자락의 만지마을 딱 하나뿐이다. 이곳에 스무 가구 정도가 산다. 그래도 이 작은 마을에 카페도 있고 식당도 있고 펜션과 민박도 있다. 당일치기 여행 코스로 만지도가 딱 좋은 이유다. 여행철이 아니라도 제법 많은 이들이 섬을 찾는다. 육지에서 가까운 데다 만지도를 한 바퀴 둘러보는 데에 길어도 2시간이 걸리지 않는다. 만지도에서 가장 높은 봉우리인 만지봉도 높이 100m로 오르기에 부담이 없다.

만지도 해안에는 섬을 한 바퀴 도는 둘레길 '몬당길'이 있다. 몬당은 양지 바른 언덕을 뜻하는 통영 사투리다. 몬당길은 해안 절벽을 따라 나 있다. 둘레길을 걸으며 보는 바다와 때때로 만나는 숲 덕분에 만지도의 자연을 한껏 느낄 수 있다. 걸음이 빠른 이라면 1시간 안에 충분히 몬당길을 완

주할 수 있으나, 풍경을 즐기기 위해선 쉬엄쉬엄 걷는 게 좋다. 마을 뒤편으로 난 길을 따라 조금만 올라가면 언덕배기다. 눈앞에 고즈넉한 바닷가 마을이 펼쳐진다. 섬 정상으로 가는 길에는 200년 된 해송이 있다. 해송 아래 널찍한 쉼터가 있으니 여기서 쉬며 주전부리를 먹어도 좋겠다. 섬이라 어느 정도 높이에만 올라가도 바다가 시원하게 보인다.

"이야, 제주도 올레길 같네."

절벽을 따라 걷던 한 관광객이 툭 내뱉은 말이다. 제주 올레길 10코스에서 송악산을 돌아가는 길과 몬당길이 닮은 듯하다. 정상인 만지봉을 지나 반대편으로 내려가면 동백숲으로 이어진다. 숲이 깊어 묵묵한 생각들이 저절로 일어난다. 그러다 곧 바닷가 절벽이 나오고, 끝에는 욕지도를 볼 수 있는 전망대가 보인다. 웅장한 벼랑에 뿌리내린 소나무가 시선을 사로잡는다. 작은 소나무는 수직 절벽에 매달린 채 바다를 내려다보고 있다. 아주 오랜 시간을 한 장의 사진으로 찍어야 한다면 바로 이 장면이 아닐까.

양식 전복이 유명한 만지마을

내리막이 끝나고 바다가 나타나면 몽돌해변이다. 자갈보다 바위에 가까운 돌이다. 몽돌해변과 이어진 바닷가 데크를 따라가면 다시 만지마을이 나온다. 만지마을은 작은 어촌이지만 곳곳에 이야기를 적은 안내판이 많아 돌아보는 재미가 있다. 카페 홍해랑 바로 옆으로 100년 된 마을 우물도 있고, 그 옆에는 마을에서 가장 연세가 많으시다는 임 할머니 댁도 있다. 우리나라 최초로 아시안게임 카누 종목에서 3관왕에 오른 천인식 선수가 태어나 자란 집도 마을 명소다.

만지도에 가면 꼭 먹어 봐야 할 음식이 전복해물라면이다. 만지도 특산물인 전복이 라면에 통째로 들어가는데, 전국 방송을 탔을 만큼 유명하다. 만지도에서는 오래전부터

만지마을 전복해물라면
전복이 유명한 만지도에는 이를 다양하게 활용한 요리를 많이 파는데, 특히 전복해물라면이 유명하다.

전복 양식을 해왔다.

"만지도 전복은 양식이라도 자연산에 가깝고 비린내도 안 나고 좋아예."

마을 주민의 말에서 뿌듯함이 묻어난다. 만지마을에는 라면말고도 전복해물물회, 전복비빔밥, 전복회 등 다양한 전복 요리를 맛볼 수 있는 식당이 많다.

만지도와 연대도를 잇는 출렁다리

만지도 바로 옆 연대도와 연결된 출렁다리 역시 유명한 관광지다. 선착장에서 마을 반대 방향의 해안 데크를 따라가면 나온다. 가는 길에는 복원한 풍란 군락지도 있고, 앙증맞은 모래 해변도 있다.

건너편 연대도가 손에 잡힐 듯 가깝다. 연대도는 '에코 아일랜드'로 알려져 있는데, 만지도보다 더 큰 섬이며 사람도 더 많이 산다. 탄소배출 제로를 표방하며 2010년부터 태양광 발전시설 등을 만들어 전기를 자급자족하기 위해 노력하고 있다.

출렁다리 주변은 바위투성이다. 만지도와 연대도 두 섬은 암초로 연결돼 있다. 수위가 조금만 더 낮았다면 영락없이 하나의 섬이 될 수도 있었다. 출렁다리의 길이는 98m, 폭은 2m다. 흔들리는 정도가 제법 커 한 발을 내딛자마자 바로 울렁울렁한다. 푹신한 침대 위를 걷는 듯한 재미를 느낄 수 있다. 때로 장난기 심한 사람들이 중간에서 다리를 흔들어 겁 많은 이들을 놀라게 하기도 한다.

사람들이 지날 때마다 섬과 섬을 잇는 다리가 흔들린다. 흔들리는 다리 위에서 보는 바다는 아득하다. 그 아득함이 마치 막막한 우리 삶 같다. 그 삶 앞에 우리는 항상 흔들리며 살아간다. 그러다 막막한 망망대해 위로 섬들이 드문드문 보인다. 왠지 안심이 된다. 만지도와 연대도도 그렇게 서로를 의지하며 깊은 바다 속에서 손을 맞잡았나 보다.

만지도와 출렁다리 연대도에서 바라본 만지도. 만지도와 연대도는 길이 98m, 폭 2m의 출렁다리로 이어져 있다.

19 욕지도

신선한 고등어회와 장쾌한 바다 풍경

아득하다. 마치 먼 이국으로 가는 것처럼 바다로 바다로 끊임없이 나아간다. 당포항에서 여객선을 탔다. 욕지도로 바로 가는 카페리다. 고속 여객선으로 한 시간 가까이 걸리는 거리다. 높은 곳에서 두루 펼쳐진 섬을 보기에 미륵산 등산이 좋은 방법이라면, 욕지도행 배를 타는 일은 바로 눈앞에서 통영 섬들의 향연을 즐기는 방법이다. 난간에 달라붙어 양쪽으로 스쳐가는 크고 작은, 가깝고 먼 섬들을 보다 보니 어느새 욕지도가 성큼 다가와 있다. 욕지도는 섬이 보이기 시작해도 한참을 더 가야 항구에 닿을 수 있는 큰 섬이다.

바다 한가운데 사슴이 뛰놀던 섬

욕지도는 통영 남쪽 바다 욕지면의 중심 섬이다. 주변 섬과 함께 연화열도를 이루고 있는데, 유인도가 10개, 무인도가 45개다. 육지에서 멀다는 점이 욕지도의 매력 중 하나다. 육지에서 떨어진 거리만큼이나 묘한 고립감이 있다.

조선시대 비어 있던 이 섬에 개척자들이 들어섰을 때 수목이 울창한 골짜기에 사슴들이 뛰어다녀 '녹도(鹿島)'라 불렀다고 한다. 사슴들이 뛰어다니는 섬이 바다 한가운데 있다니 거짓말 같지만, 통영에 통제영이 설치된 이후 수군들이 욕지도 사슴을 잡아 녹용을 진상했다는 기록이 있다.

욕지도는 한때 버려진 섬이었다. 이 섬은 선사시대부터 사람이 살던 곳이다. 욕지 동항리에서 발견된 조개더미(패총)가 이를 증명한다. 섬이 버려진 건 조선 초기다. 고려 말부터 왜구 약탈이 심각해 조선은 아예 남해안 섬 주민들을 모두 육지로 이주시켰다. 섬을 싹 비우는 공도(空島) 정책이었다. 욕지도에 다시 사람이 살기 시작한 건 이로부터 400년도 더 지난 1800년대 후반이다. 관리들의 학정으로 동학운동이 일어나던 시기, 역병까지 돌아 많은 사람들이 죽어나갔다. 이를 피해 섬을 찾아온 사람들이 처음 녹도라 불렀

욕지도의 바다 풍경 아기자기한 섬들과 넓고 푸른 남태평양의 매력을 모두 느낄 수 있다.

던 개척자들이다.

욕지도의 독특함은 이름에 얽힌 다양한 이야기에서도 느낄 수 있다. 조선 초기에는 욕지도를 욕질도(欲秩島·褥秩島)라고 불렀다. 당시 이곳은 고성 땅에 속했는데, 고성 수령이 매년 봄과 가을에 욕지도 쪽 바다를 향해 국토를 보전하고 백성을 지켜달라며 제사를 지냈다. 이 제사를 망제 또는 망질이라 했는데 여기서 욕질도가 나왔고 이후 욕지도(欲知島)로 정착됐다.

욕지항 가운데 있는 섬이 마치 연못에서 목욕하는 거북이 모양이라서 못 지 자를 써서 욕지(欲池)라 했다는 설도 있고, 조선시대 이곳으로 유배 온 이들이 굴욕적인 삶을 살았다 해서 욕 욕 자를 써 욕지(辱地)라 했다는 이야기도 있다.

섬 전문가인 강제윤 시인은 욕지도를 포함해 연화열도 전체 섬 이름에 주목했는데,[20] 욕지도, 연화도, 두미도 같은 섬 이름이 '욕지연화장두미문어세존(欲知蓮華藏頭尾問於世尊)'이라는 불교 구절에서 나왔다고 이야기한다. 극락세계(연화장)를 알고 싶으면(욕지) 처음과 끝(두미)을 부처(세존)에게 물

20 강제윤, 『당신에게, 섬』, 꿈의지도, 2015.

어보라는 뜻이다.

주변 섬 중 가장 큰 이 섬에 부처를 뜻하는 세존이 아니라 알고자 한다는 뜻의 욕지를 이름으로 붙인 이유는 뭘까. 부처가 있어서다. 미래 부처를 뜻하는 '미륵'도가 이미 있다. 생각해보면 욕지는 스스로 깨달아 부처가 되기 위한 첫 걸음이다. 먼저 삶의 고통을 알고자 하는 욕구, 깨닫고자 하는 욕구가 파도처럼 일어야 한다. 바다 한가운데서 거대한 파도가 생길 정도로 온 생을 바쳐 몰두해야 미륵도, 다시 말해 부처와 연화장에까지 가 닿을 수 있다는 뜻이 아니었을까.

비탈이 키워낸 최고의 고구마

욕지도는 섬치고는 특이하게 물이 풍부하다. 섬에 저수지까지 있으니 말 다했다. 대부분이 비탈이라 벼농사는 못 지어도 밭농사는 풍성하게 짓는다. 대표 작물이 고구마다. 욕지도 고구마는 육지에서도 유명하다. 욕지도에 사람이 다시 살기 시작한 시점에 고구마도 함께 섬으로 들어왔을 것으로 본다.

〈통영人뉴스〉 김상현 기자는 물 빠짐이 좋은 경사진 비탈과 수백 년 묵은 황토, 한여름의 뜨거운 햇살이 품질 좋은 고구마를 키워낸다고 말한다. 이런 고구마는 욕지 사람들의 가을, 겨울 주식이었다.

욕지도 사람들에게 고구마는 참 소중한 작물이라. 고메로 뭘 해 묵냐꼬? 주식은 고구마 빼떼기죽이지. 고매를 납작납작 썰어 갖고 지붕이나 마당, 밭둑 사이에 널어 말리는 기라. 그라모 빼떼기가 돼. 그 빼떼기를 소죽처럼 가마솥에 푹푹 낄이 묶었지.[21]

욕지 고구마는 8월이 수확기다. 요즘에는 고구마 농사를 짓는 이들이 많이 줄었지만, 고구마의 새로운 변신을 꾀한 이도 있다. 욕지 여객선 선착장 근처 무무베이커리에서는 직접 농사지은 고구마로 빵을 만든다. 고구마 식빵에서 고구마 머핀, 고구마 쿠키까지 고구마로 만들 수 있는 빵은 다 있다.

싱싱한 고등어회와 신맛이 일품인 귤

고구마 말고도 욕지도에서 많이 나는 게 고등어다. 옛날에는 욕지 주변 바다에서 직접 잡았지만 요즘에는 주로 양식

---

21 김상현, 『통영 섬 부엌 단디 탐사기』, 남해의봄날, 2014.

이다. 욕지도는 우리나라에서 처음으로 고등어 양식에 성공한 섬이다. 욕지도에서는 고등어회를 많이 먹는다. 고등어는 잡아서 수족관에 넣으면 바로 죽어버리기 때문에 고등어회를 육지에서 먹기는 쉽지 않다. 욕지도 횟집은 바로 옆이 양식장이어서 신선한 고등어회를 마음껏 먹을 수 있다.

매년 10월 중순에는 '욕지섬문화축제'가 열린다. 120여 년 전 욕지에 사람이 처음 살기 시작한 것을 기념하는 행사지만, 수확이 한창인 고구마와 막 살이 오른 고등어가 행사의 주인공이다.

욕지도에서 빼놓을 수 없는 또 다른 먹거리는 귤이다. '욕지도에 귤이?' 의문을 가질지도 모르겠다. 제주도 감귤이 껍질이 얇고 단 것에 비해 욕지도 감귤은 껍질이 두껍고 새

해녀김금단포장마차 제공

빼떼기죽(좌)과 고등어회(우) 욕지도에서 키워낸 최고의 고구마로 만든 빼떼기죽과 신선한 고등어회는 욕지도 여행에서 만날 수 있는 별미다.

콤달콤하다. 귤 특유의 깊은 신맛을 즐기는 이라면 욕지 감귤을 추천한다. 김상현 기자의 책을 다시 보면 1950년대 세계적인 육종학자 우장춘 박사가 욕지도에서 감귤 재배가 가능하다고 한 뒤로 귤을 키우기 시작했다. 먼저 근처 납도에서 재배에 성공한 후 욕지 본섬으로 보급됐다.

아기자기한 골목 너머 장쾌한 바다

섬 일주도로를 천천히 돌아봐야 욕지도를 본 것이란 말도 있다. 하지만 욕지항 근처 마을에서 빈둥빈둥하며 골목을 돌아다녀도 재밌다. 퇴색해서 멋진 담벼락, 아담하고 낮은 건물이 다닥다닥 붙은 골목을 걸으면 마치 옛날 영화 속을 걷는 기분이다. 욕지도 작은 우체국에 들어가 누군가에게 엽서를 써보는 것도 좋다.

욕지도가 엄청나게 발전된 섬은 아니지만 육지 도심에서 할 수 있는 건 다 할 수 있다. 카페도 많고 식당도 충분하다. 해물짬뽕을 잘하는 한양식당은 욕지도 주민에게도 인기다. 여행 성수기에는 한참이나 줄을 서야 겨우 먹을 수 있다.

2019년 12월 생긴 모노레일을 타고 섬을 둘러본다. 욕지도 최고봉 천왕봉 근처인 대기봉까지 갔다 오는 여정이다.

욕지도 모노레일(위)과 대기봉 고양이(아래) 모노레일은 욕지도 풍경을 감상하는 멋진 방법 중 하나다. 타는 시간이 길지는 않지만 경사가 제법 가팔라서 스릴이 있다. 모노레일을 타고 도착한 대기봉에는 시원한 바다 풍경을 즐길 수 있는 전망대가 있다.

대기봉에는 전망대도 있어 욕지도와 바다를 파노라마처럼 둘러볼 수 있다. 전망대 옆 매점에서는 커피나 간단한 간식거리를 판다. 특히 전망대에는 고양이 두 마리가 사는데 애교가 많아 여행객들에게 인기다. 모노와 레일이라는 이름도 있다.

욕지항에서 출발해 망대봉 방향으로 다시 걸어본다. 출렁다리를 지나 오르막을 오른다. 그 끝에서 만나는 바다는 그야말로 망망대해다.

> 욕지도 주변에 크고 작은 섬들을 올망졸망 거느리고 있으면서도 한편으로는 탁 트인 남태평양 바다와 정면으로 마주 보고 있다. 다도해의 소담함과 대해의 장쾌함을 동시에 맛볼 수 있는 흔치 않은 섬이다.[22]

마지막으로 전하는 욕지도의 독특한 매력은 이 '대해의 장쾌함'이다.

---

22 강제윤, 『당신에게, 섬』, 꿈의지도, 2015.

······ 더 보기 : 통영의 섬 ······

- **소매물도 등대섬** : 한산면에 속한 섬으로 통영항에서 1시간 20분이 걸린다. 소매물도에서 등대섬을 바라보는 그윽한 풍경이 일품이다. 등대섬을 가려면 망태봉을 지나 열목개를 지나야 한다. 열목개는 70m 정도 되는 몽돌밭인데, 썰물이 돼야 길이 열리니 물때를 잘 보고 찾아가야 한다.
- **장사도 해상공원 까멜리아** : 거제에 외도 보타니아가 있다면 통영에는 장사도 까멜리아가 있다. 한산면에 속한 섬으로 통영항에서 50분 정도 걸린다. 10만 그루의 동백나무와 후박나무, 구실잣밤나무가 어우러져 장관이다. 2011년 해상공원으로 꾸며졌는데 동백터널길, 미로정원, 허브가든 등 20여 개의 걷기 코스가 있다. 특히 동백터널길이 유명하다.

20 당포성지

이순신 장군이 되찾은 산성과 바다

욕지도와 당포항만을 오가는 직항 여객선이 당포항으로 들어선다. 배 정면에 '삼덕–욕지' 글자가 선명하다. 당포항은 삼덕리에 있는 항구로 원래 삼덕항이었다. 1991년 국가어항으로 지정되면서 불린 이름이다. 삼덕항이 있는 당포마을의 주민들은 항구 이름을 당포항으로 바꾸고자 서명 운동을 벌였다. 당포성과 임진왜란 당포대첩 승전의 의미를 담자는 취지였다. 2013년 당포항 표지석이 세워지며 주민들의 요구가 실현됐다.

당포항은 한눈에 봐도 규모가 큰 어항이다. 조선 초기 수군만호진이 설치되면서 번성했다. 수군만호는 통제사 아래로 4번째로 높은 무관 벼슬이다. 만호진은 주로 외침을 막는 역할을 했으니, 지금으로 치면 해양경비대다. 수군만호가 생기면서 큰 포구란 뜻의 당포(唐浦)라는 이름을 얻었다.

우리 땅에 발 디딘 최초의 서양인

당포항에는 특이한 기념물이 하나 있다. 2006년 세운 최초의 서양 도래인 주앙 멘데스 기념비다. 주앙 멘데스는 조선 중기 당포 해안에 표류했던 포르투갈 사람이다. 2004년 관동대 박태근 교수가 '통영탄생 400주년 기념 국제학술회의'에서 발표하면서 알려진 인물이다. 박 교수는 규장각에 보관 중인 조선왕조 국경수비일지 『등록유초(謄錄類抄)』에서 지완면제수(之緩面第愁)라고 적힌 34세 포르투갈 상인의 기록을 발견했다. 기념비 옆 안내 표지석에 자세한 내용이 적혀 있다.

> 1604년 6월 14일 거대한 적선 한 척이 조선 수군의 본영인 통영 앞바다에 침입했다. 이경준 삼도수군통제사의 명령으로 전함인 판옥선이 출동, 평화적인 투항을 요청했으나 끝까지 저항하므로 치열한 접전 끝에 격침시켰다. 이 배는 당시 일본의 통치자인 도쿠가와 이에야스가 캄보디

아 왕국에 파견한 첫 외교무역선으로 캄보디아의 프놈펜 항에서 일본 나가사키로 귀항 중 풍랑 때문에 길을 잘못 든 것이었다.

통영에 삼도수군통제영을 설치한 이듬해 일어난 일이다. 당시 주앙 멘데스를 포함해 중국인 16명, 일본인 32명, 흑인 1명이 한양으로 압송돼 조사를 받고 중국으로 추방됐다. 주앙 멘데스의 당포 해안 표류는 네덜란드인 베르테브르가 경주 해안에 닿은 1627년, 네덜란드 동인도회사의 하멜 일행이 제주도에 닿은 1653년보다 각각 23년, 49년 앞선다. 사실 기록상으로는 1582년 제주도에 표류한 이름 모를 외국인도 있고, 1593년 임진왜란 때 왜군과 함께 경남 진해 웅천으로 상륙한 스페인 신부 세스페데스도 있다. 2004년 당시에는 멘데스가 우리 땅에 발 디딘 최초의 서양인이었다.

성곽을 따라 느끼는 부드러운 상승감

당포마을 바로 뒤 언덕은 당포성지다. 당포성은 1374년 고려 공민왕 때 최영(崔瑩) 장군이 병사, 주민들과 함께 쌓은 성이다. 한창 왜구 때문에 골치 아프던 시기였다. 최영 장군은 남해안 곳곳에서 왜구를 무찔렀다. 이후 최영 장군을 수호신으로 모시는 남해안 마을이 많아졌다. 당포마을도 마찬가지다.

투구를 쓴 것처럼 바위가 볼록한 봉우리가 장군봉이다. 정상 근처에 국가 중요민속자료 제9호, '삼덕리마을제당'이 있다. 마을 주민들은 이 제당에 모신 장군신이 최영 장군이라고 믿는다. 당포성은 임진왜란이 일어난 1592년 왜적에게 점령 당했으나 이순신이 이끄는 수군이 되찾았다. 옥포해전에 이은 이순신의 두 번째 큰 승리, 당포해전에서다.

당포성까지는 당포마을 한가운데 길을 따라 걸어 올라가면 된다. 통영 여행을 와도 당포성까지 둘러보는 여행객은 많지 않다. 그저 소박한 역사 유적 중 한 곳이기 때문이다. 하지만 성을 오르며 만나는 풍경에 절로 입이 벌어진다. 성벽과 바다와 하늘이 적당히 삼등분된 구도와 언덕 정상으로 올라가며 느끼는 부드러운 상승감, 여기에 산들바람이라도 분다면 더할 나위 없다.

매년 여름이면 통영에서 한산대첩축제가 열린다. 한산대첩을 재연하는 해상 행렬이 축제의 하이라이트다. 행렬 출발지가 여기 당포항이다. 보통 오전 10시 정도에 시작하는

당포성 고려 시대 최영 장군이 병사와 백성을 이끌고 성을 쌓아 왜구를 물리친 곳이다. 정상에 이르는 완만한 언덕길이 매력이다.

데, 시간을 잘 맞춰 당포성에 오르면 어선과 해경 함정 등 100여 척이 거북선을 앞세우고 한산도 앞바다까지 이동하는 장관을 볼 수 있다.

할배 벅수와 할매 벅수

당포마을 끝자락 도로가에 돌벅수 한 쌍이 항구를 바라보고 있다. 할배 벅수와 할매 벅수다. 벅수는 통영의 돌장승을 말하는데, 통영 사투리로 '벅시'라고도 부른다. 작고 투박한 이 돌벅수는 당포마을 수호신이다. 주민들은 벅수에 정성을 들이지 않으면 마을에 재앙이 닥친다고 믿었다. 벅수가 있는 자리는 옛 당포성 정문이다. 아무리 높은 사람이라도 일단 벅수 앞을 지날 때는 말에서 내려 걸어가야 했다. 벅수 앞에 서니 지금도 그 근엄함에 저절로 겸손해진다.

벅수 말고도 장군봉 마을제당과 마을 당산나무 등 당포마을에는 민간 신앙과 관련된 장소가 유난히 많다. 당포마을을 두고 민간 신앙의 보고라고 부르는 이유다. 이전에는 마을 공동 제사를 한 번 지내려면 꼭두새벽부터 시작해 산신제, 장군신제, 벅수제, 용왕제까지 끝내는 데만 서너 시간

할배 벅수와 할매 벅수
벅수는 돌장승을 이르는 통영 사투리다. 당포마을 벅수 한 쌍은 마을을 지키는 수호신이다.

이 넘게 걸렸다.

거친 파도와 싸워야 하는 고기잡이 일도, 잦은 왜구의 침략도 목숨까지 앗아갈 수 있는 일이었다. 그 옛날 바닷가 마을 사람들이 끊임없이 기도하는 일말고 달리 무엇을 더 할 수 있었을까.

······ 더 보기 : 당포성지 주변

- **달아공원** : 통영에서 낙조는 달아공원 낙조를 최고로 친다. 공원 입구 주차장에서 완만한 오솔길을 5분쯤 오르면 관해정이 나온다. 여기서 바라보는 일몰이 일품이다. 또 당포항에서 달아공원으로 이어지는 미륵도 달아길은 유명한 드라이브 코스다.
- **통영 767** : 중화마을 깊숙이 숨어있는 베이커리 카페다. 한적한 어촌에 있어도 항상 손님이 많다. 주인이 직접 빵을 굽는데 맛있다고 소문이 나서 외지인들도 많이 찾는다.
- **수산과학관** : 아이들과 같이 가면 좋을 해양환경 학습장이다. 수산업, 해양생물, 조력발전 등을 주제로 한 9개 전시실과 해저동굴, 디지털 아쿠아리움 같은 체험시설도 갖춰져 있다.

21 사량도

대한민국 섬 트레킹의 성지

산을 오르기 위해 배를 타고 섬으로 들어갈 일이 얼마나 있을까만은, 사량도 지리산이라면 말이 달라진다. 사량도 지리산은 우리나라 섬 트레킹 성지로 유명하다. 등산 전문 잡지 〈월간 산〉이 2018년에 발표한 한국의 100대 명산 중 조망이 뛰어난 산으로도 뽑혔다. 사량도 지리산을 한 번 오르고 나면 한동안 다른 산은 시시해진다는 말이 괜히 나온 게 아니다. 사량도가 전국적으로 알려진 것도 지리산 덕분이다.

윗섬과 아랫섬 사이를 지나는 큰 뱀

통영시 도산면 가오치여객터미널에서 사량도 금평항으로 가는 여객선을 탄다. 넓은 방 하나로 된 삼등석 풍경이 정겹다. 각자 흩어져 있던 주민들이 어느 순간 둥글게 모여 앉아 챙겨온 먹을거리를 꺼내 놓고 이야기를 나눈다. 나이 지긋해 보이는 우체국 집배원도 그중 한 자리를 차지하고 앉았다. 오랜 세월 섬을 오가며 친근해진 탓인지 그 모습이 전혀 어색하지 않다.

40분 정도를 달려 사량도 금평항에 도착했다. 사량도는 크게 상도와 하도로 나뉘는데 금평항은 상도에 있다. 사량면 중심지로 면사무소, 학교, 수협 등이 모두 이곳에 있다. 사량도는 3개 유인도와 17개 무인도로 구성된 사량면의 중심 섬이다. 다리로 연결된 상도(윗섬)와 하도(아랫섬)를 합하면 통영에서 미륵도 다음으로 크다. 현재 상도와 하도는 사량대교로 연결돼 있다.

조선 초기까지는 사량도를 박도라고 불렀다. 한자 박(樸)에 나무가 빽빽하다는 뜻이 있는데, 산자락에 떡갈나무가 빽빽하게 숲을 이루고 있어 붙은 이름으로 추측한다. 상도와 하도는 각각 상박도와 하박도, 둘을 합해 상하박도라고 부르기도 했다.

사량(蛇梁)은 상도와 하도 사이 좁은 해협을 이르는 말로 해협이 가늘고 긴 뱀(蛇)처럼 생긴 데서 유래한 이름이다. 지도를 보면 정말 그런가 하고 고개를 갸우뚱하나, 막상 사량도 지리산에 올라 내려다 보면 뱀처럼 보인다. 조선 초기 사량도에 설치된 수군기지는 해협 이름을 붙여 사량만호진이라 불렀다. 기지가 커지면서 원래 섬 이름인 박도보다 사량진이란 말을 더 많이 쓰게 됐고 결국 조선 후기에 사량이 섬 이름으로 굳어졌다.

지리산은 사량도 상도의 중심 산이다. 상도 최고봉은 달바위봉(불모산)이지만 지리산이 워낙 유명해서 사량도 하면 그냥 지리산을 최고봉으로 친다.

아찔한 바위 벼랑 뒤로 펼쳐진 눈부신 바다

금평항 마을버스 정차장에서 돈지마을로 가는 버스를 탄다. 사량도 지리산 등산 코스는 돈지마을에서 시작해 지리산, 달바위봉, 가마봉, 옥녀봉, 사량면사무소까지 이어지는 코스가 일반적이다. 8km, 4시간 정도로 시간과 거리가 적당하고 하산 후 배를 타고 나가기도 편리하다.

돈지마을 뒤편으로 숲길을 30분 정도 오르면 갑자기 온 사방으로 바다가 펼쳐진다. 지리산 정상이다. 돈지항, 남해 창선도, 삼천포 화력발전소, 고성 상족암, 통영 오비도, 하도 등을 두루 볼 수 있다. 사량도 지리산은 지리망산(智異望山)으로도 불린다. 육지에 있는 지리산을 바라본다(望)는 뜻으로 알려져, 지리산이란 이름도 육지 지리산과 관련 있다고 여기는 이가 많다. 지금은 육지 지리산과 한자가 같지만 원래는 지리산(池里山)이었다. 돈지리(敦池里)와 내지리(內池里) 두 마을의 경계가 되는 산이란 뜻이다. 우리말 이름은 새들산이다. 정상 부근 바위 벼랑이 새드레(사닥다리)처럼 층을

사량도 지리산 등산로 지리산에서 옥녀봉으로 향하는 능선은 공룡 등뼈 같은 모양인데, 경사가 가팔라 오르다 보면 아찔하다.

이루고 있어서 붙은 이름이다. 산바라기(산부리의 사투리)라는 말을 붙여 새들산바라기라고도 했는데, 이를 한자로 옮기니 지리망산이 됐다. 결국 지리망산은 사다리산이란 뜻이다.

지리산에서 옥녀봉으로 이어지는 정상 능선은 오싹할 만큼 경사진 벼랑으로 이어져 있다. 지리산 벼랑에서 떨어지면 바로 바다에 빠진다는 말이 있을 정도로 가파르고 위태하다. 등산로에도 위험 구간 표시가 되어 있는데, 실제 공룡등뼈 같은 바위 능선은 두 손 두 발로 기어서 가야 할 정도로 아찔하다. 군사 훈련이라도 받는 듯 밧줄을 잡고 올라야 할 때도 있다.

옥녀봉 근처에서 사고가 자주 발생해 최근에는 출렁다리, 데크, 철계단, 밧줄, 우회 등산로가 잘 만들어졌지만 절대 긴장을 풀어서는 안 된다. 등산이 아찔한 만큼 풍경 하나는 기가 막히다. 기이한 벼랑, 그 아래 소담한 바닷가 마을, 사방을 둘러봐도 온통 푸른 바다. 모두 지리산에서 옥녀봉에 이르는 동안 즐길 수 있는 경치다.

마지막 봉우리 옥녀봉에는 섬 마을 특유의 안타까운 설화가 전해진다. 옛날 사량도에 어부 부부가 살았다. 딸 하나를 낳고 부인은 병들어 죽었다. 이 딸 이름이 옥녀다. 홀아

사량도 지리산 능선에서 바라본 풍경이다. 중앙으로 상도와 하도를 잇는 사량대교가 보인다.

비가 된 어부는 고독한 섬에서 외동딸을 키우며 살았다. 그런데 외동딸이 자라면서 점점 엄마를 쏙 빼닮았다. 오랜 독신 생활에 딸에게서 아내의 모습을 보자 어부는 해서는 안 될 생각을 하게 됐다. 그럴 때마다 스스로 다그치며 참았지만, 결국 어느 날 딸의 방으로 뛰어 들어갔다. 이에 옥녀는 아버지를 말리다가 벼랑 아래로 몸을 던지고 말았다. 지금도 옥녀봉 아래에 검붉은 이끼가 피는데, 사람들은 이를 옥녀의 피라 여긴다. 이후로 사량도에서 혼례를 할 때는 옥녀봉이 보이는 곳에서는 신랑 신부가 맞절을 하지 않는 풍습이 생겼다. 옥녀의 원혼을 달래기 위해서다.

더 보기 : 사량도 주변

- **최영 장군 사당** : 남해안 일대에는 고려 말 왜구를 무찌른 최영 장군을 신으로 모신 사당이 많다. 사량도 금평항을 품은 진촌마을에도 최영 장군 사당이 있다. 최영 장군 사당은 장군당으로도 부르는데, 경상남도 문화재 자료 제32호다. 실제 진촌마을은 옛날 최영 장군의 진(기지)이 있던 곳이어서 붙은 이름이다.
- **사량도 일주도로** : 등산이 부담스럽다면 사량도 일주도로를 따라 해안 트레킹을 해도 좋다. 상도일주로와 하도일주로 중에서 한 곳을 골라서 하면 된다. 요즘에는 자전거 동호인들도 사량도 일주도로를 많이 달린다. 자전거와 자동차를 이용하면 상도와 하도를 한꺼번에 돌아볼 수 있다.

22 카페 배양장

멍게배양장과 아메리카노의 공존

이렇게 외진 곳을 어떻게 알고들 찾아오는 걸까. 미륵도에서도 바다로 길쭉하게 뻗은 산양읍 풍화리. 이곳에서도 제일 끝자락 함박마을에 카페 배양장이 있다. 배양장은 멍게나 전복 같은 해산물을 양식장에 넣기 전에 인공적으로 크기를 키우는 장소다. 함박마을 주변 바다는 온통 굴과 멍게 양식장이다. 세상의 끝 같은 곳에 어떻게 카페를 차릴 생각을 했을까.

멍게배양장을 카페 '배양장'으로

카페 배양장 주인은 빈 공간이 아까웠다고 한다. 공간이 아깝다고 누구나 이런 시도를 하지는 않는다. 시대 흐름을 잘

카페 배양장의 외부와 내부 멍게배양장 건물을 그대로 살려 만든 카페. 일부는 지금도 멍게배양장으로 사용하고 있다.

이해하고 공간에 대한 감각이 뛰어나야 가능한 일이다.

"이 공간은 약 20년 전 전복 배양을 하던 곳이었습니다. 7년 전부터 멍게를 배양하는 공간으로 사용했고 현재까지도 일부 공간은 멍게배양장으로 사용하고 있습니다. 철거를 최소화하고 낡고 거친 골조, 자연에 의해 변색된 벽 등 본질에서 최대한 벗어나지 않고자 생각하며 이 공간을 만들어 나갔습니다."

2019년 7월 카페를 열면서 배양장 SNS 계정에 올린 글이다. 카페 주인은 이 배양장에서 실제로 배양업을 하던 통영 토박이다. 배양장 건물은 두 동인데, 한쪽 건물이 비자 그 공간을 카페로 고쳤다. 카페는 영업을 시작하자마자 여행전문잡지에도 소개될 만큼 매력적인 공간으로 거듭났다.

20년 넘게 전복과 멍게를 배양해 온 건물의 높은 층고와 낡은 골조를 살린 인더스트리얼풍 공간. 이곳에서 그는 파나마, 온두라스산 원두로 내린 핸드드립과 에스프레소 베이스의 커피, 수제 디저트 몇 종류를 선보인다. 여느 리사이클링 공간과의 차별점이라면 지금도 실제 운영하는 배양장의 일부라는 사실.[23]

출입구 회전문을 밀고 들어가면 널찍한 홀에 만찬장 같은 긴 탁자가 시선을 빼앗는다. 바깥 풍경을 내부로 온통 끌어들이는 커다란 창들. 좌석은 창가를 바라보도록 나란히 놓여 있다. 창가에 앉아 조용한 바닷가 마을을 내다보는 게 매력 포인트다.

숨겨진 명품 해안 드라이브 코스

카페 배양장으로 가려면 풍화리 해안을 한 바퀴 도는 풍화일주로를 달려야 한다. 이 도로는 아직 많이 알려지지 않은 드라이브 코스다. 풍화리의 우리말 이름은 '게섬'이다. 해안 모양이 게와 닮아서 붙은 이름이다. 외지인에게 게섬이 '개섬'으로 들렸나 보다. 결국 섬 이름이 상스럽다며 크게 화합하여 풍성해진다는 뜻인 풍화(豊和)리로 이름을 바꿨다.

풍화리는 미륵도와 연결돼 있어 독립된 섬은 아니다. 하지만 해안도로를 따라 달리다 보면 마치 남해안 어느 섬을 달리는 것 같다. 눈앞으로 듬성듬성 떠 있는 크고 작은 섬들, 바닷가에 들어선 하얀 건물들이 섬에 왔다는 착각을 하

---

23 오성윤·이기선, 〈어떤 조합들〉, 《론리플래닛 코리아》, 2019. 09. 05, lonelyplanet.co.kr/magazine/articles/AI_00002759.

게 만든다. 장촌마을에서 산양초등학교 풍화분교를 지나 중부마을까지가 핵심 구간이다. 정겨운 어촌과 바다 풍경을 한눈에 누릴 수 있다.

풍화분교를 지나 상장마을에서 잠시 산책을 해도 좋다. 해안도로를 따라 집이 한 채씩만 있어 마을 모양새가 길쭉하다. 위 상(上)자와 길 장(長)자로 이뤄진 상장이란 이름도 해안 위로 길게 뻗었다는 뜻이다. 바닷가로 나란한 집들이 다들 참 어여쁘게 낡았다. 특히 무채색이 된 담벼락과 파스텔 톤으로 색이 옅어진 문들이 기분 좋은 대조를 이룬다.

상장마을에서 바다 건너 손을 뻗으면 닿을 것처럼 가까운 땅이 오비도다. 섬이 하늘을 나는 까마귀처럼 생겨서 까마귀 오(烏), 날 비(飛)를 썼다. 육지와 가까워서 그런지 작은 섬이지만 마을이 5개나 있고 하루 세 번 배가 다닌다. 옛날 오비도에서 풍화분교를 다니던 아이들의 하굣길 이야기가 재미있다. 학교를 마치면 바닷가에서 고학년 대장 아이의 구령에 맞춰 아이들이 한꺼번에 '배 타고 오소~'라고 소리쳐 배를 불렀다고 한다.

세상에서 제일 작은 어부박물관

상장마을을 지나면 명지고개다. 그대로 고개를 넘어 명지마을에 도착한다. 바다는 명지마을 깊숙이 들어와 있다. 마을 언덕에서 보면 바다는 우리나라 지도를 거꾸로 놓은 모양처럼 보인다. 작은 마을이지만 바다가 넓어 예로부터 부자마을이었다.

명지마을 중간 즈음에 색다른 집 한 채가 있다. 나무판자로 만든 담벼락에 주황색 구명환이 걸렸고, 그 옆 커다란 닻까지 모든 게 예사롭지 않다. '어부박물관'이라 적힌 조그만 문패가 있다. 이 마을 출신 사업가인 김장주 씨가 만든 사설 박물관이다. 그는 개인 블로그를 통해 고향 이야기를 사람들에게 알려왔다.

> 어부박물관은 세상에서 제일 작은 박물관이다. 그리고 세상에서 제일 투박한 박물관일지도 모르겠다. 하지만 그것이 우리네 어부의 삶이자 내가 기억하고 있는 어촌의 진짜 모습이다.[24]

---

24 김장주, 『남자의 고향』, 더난출판, 2015.

명지마을 어부박물관 어부박물관은 가정집을 고쳐 만들었다. 명지마을 출신 김장주 씨가 애써 모은 어구와 곁들여진 이야기를 함께 구경할 수 있다.

그는 어부박물관을 두고 초라하지만 부끄럽지 않은 박물관이라 말했다. 실제 박물관은 지금도 어머니가 살고 계신 가정집을 고친 것이다. 전시실은 두 개로, 옛날부터 지금까지 어촌에서 쓰는 온갖 도구들을 정말이지 빽빽하게 채워놓았다.

"아이고 박물관 만들고, 물건 사 넣는다꼬 돈 많이 썼지."

집 앞에서 우뭇가사리를 말리고 있던 김 씨 어머니의 말씀이다.

"그래도 우리 아들이 글도 잘 쓰고 사진도 찍고, 똑똑하긴 똑똑하다."

박물관 문을 열어주시는 어머니의 말씀에는 아들에 대한 자부심이 잔뜩 묻어있다. 어촌의 갖가지 도구들을 구경하는 재미뿐 아니라, 김 씨 어머니와 나누는 이야기로 여유와 편안함까지 느낄 수 있는 어부박물관이다.

23 평인노을전망대

굴과 멍게가 가득한 맑은 바다

2019년 국토교통부가 발표한 남해안 해안 경관도로 15선에 평인노을길이 선정되었다. 평인노을길은 통영 북서쪽 해안을 도는 평인일주로의 한 구간으로 통영시가 선정한 걷기 좋은 길이기도 하다. 중간 즈음 우포마을을 지나면 바닷가 언덕에 노을전망대가 있다. 이곳이 평인노을길 풍경의 절정이다. 전망대에 서면 저 멀리 사량도가 주변보다 한 단계 낮은 채도로 보인다. 통영 특유의 푸른 바다 위 촘촘히 떠 있는 하얀 부표들이 눈에 띈다. 도대체 온 바다를 채운 저 하얀 부표들은 다 뭘까.

푸른 바다 위 촘촘한 하얀 부표

"전부 꿀하고 멍게 양식장이지. 요(여기) 꿀이 좋아. 서울이나 오데 가도 알아주그마는."

우포마을에서 만난 어르신 말씀이다. 바다에서 온 삶을 보내신 어르신의 눈에도 바다가 담겨 있다. 통영, 거제, 남해 등 남해안 섬사람들은 굴을 '꿀'이라고 발음한다. 달콤한 꿀하고는 전혀 상관이 없고 사투리의 센 억양 때문이다. 자연산 굴은 5~8월 산란기가 되면 알을 낳는다. 알은 물속을 떠다니다가 밀물이 되면 잠기고 썰물이 되면 드러나는 갯바위에 달라붙어 그대로 자란다. 한번 바위에 붙으면 죽을 때까지 움직이지 않는다.

요즘 굴은 대부분 양식이다. 굴 양식법은 새끼 굴을 어디에 붙이느냐에 나뉜다. 돌에 붙이는 건 투석식, 물속에 박은 나뭇가지에 붙이는 건 지주식이다. 둘 다 썰물이 되면 공기 중에 굴이 드러나고 이 동안에는 성장이 멈춘다. 새끼 굴을 굴이나 가리비 빈 껍데기에 붙여 아예 바닷물에 깊이 넣는 수하식도 있다. 이 방식은 굴이 물 밖으로 드러나지 않아 성장 속도가 빠르다. 통영이나 거제에서 나는 굴은 모두 수하식으로 생산한다. 그래서 통영 어민들은 굳이 양식 굴이라

양식장과 조개껍데기 푸른 바다 위 굴을 양식하는 부표가 빼곡하다. 통영에서는 새끼 굴을 빈 조가비 껍데기에 붙여 바다 깊숙이 넣는 수하식 양식을 한다.

하지 않고 수하식 굴이라는 표현을 쓴다.

"꿀은 음력 8월부터 설 쇠고 한 4월까지 수확을 하고, 4~5월에 새끼 붙이고 단련을 시키가지고 깊은 물에 집어넣지. 단련을 잘 시키야지 잘 못하면 다 죽으삔다. 새끼 붙이야제, 다 하고 나면 달아서 넣어야제, 넣고 나믄 또 거다 들이야제, 일년 내내 놀 여유가 없다."

어르신 말 속에 채묘, 단련, 수하, 양성, 채취까지 수하식 양식 5단계 과정이 다 들어 있다. 새끼 굴을 굴이나 조가비 빈 껍데기에 붙이고(채묘), 썰물이 되면 적당히 노출되는 곳에서 한동안 키운다(단련). 어느 정도 크면 수심이 깊은 양식장에 집어넣고(수하), 그대로 키우는 것(양성)이다. 일단 바닷물에 넣고 나면 먹이를 줄 필요도 약품을 쓸 필요도 없이 플랑크톤을 먹으며 알아서 큰다.

굴을 수확하는 겨울이면 양식장에 활기가 돈다. 푸른 바다 위 부표가 있는 곳마다 어선들이 굴을 끌어 올리느라 바쁘다. 양식장에서 채취한 굴은 커다란 망에 담겨 박신공장으로 간다. 굴 까는 곳을 통영에서는 박신공장이라고 한다. 껍데기를 깐 굴을 바닷물에 헹구고 포장해 곧장 경매장으로 옮긴다. 통영 굴 작업은 이렇게 봄까지 이어진다.

미국 FDA가 인정한 청정 해역

지금 같은 수하식 굴이 정착한 건 1960년에 이르러서다. 1950년대 일본 수출로 외화를 벌어들이던 김 양식업이 퇴조하면서 정부는 새로운 수출 품종으로 굴에 주목했다. 이때까지만 해도 투석식, 지주식 양식뿐이라 생산량이 많지 않았다. 일본에서는 1924년부터 수하식 굴 양식을 시작했다. 이를 접한 통영, 거제 어민들이 자체적으로 연구를 거듭했고 결국 우리나라에서도 수하식 양식에 성공했다.

1972년부터 한·미 패류 위생협정을 맺고 미국에 굴을 수출하기 시작하면서 통영, 거제 지역 굴 가치가 높아졌다. 2년마다 미국 식품의약청(FDA)이 직접 수질과 생산업체 관리 상태를 점검한다. 지금도 FDA 점검단은 통영, 거제 굴 양식업자들에게는 저승사자 같다. 점검 결과에 문제가 있으면 수출길이 바로 막히기 때문이다. 현재 우리나라 굴의 60~70%가 통영, 거제 지역 바다에서 나온다. 이 중 절반 정도가 미국 등으로 수출된다.

통영은 굴과 함께 멍게 양식도 활발하다. 우리나라 멍게 양식은 1970년대 통영과 거제에서 거의 동시에 시작됐다. 통영에서는 산양읍에 사는 최두관 씨가 멍게 양식을 최초로 시도했다. 1973년 여름 최 씨는 굴 양식장 근처에서 수영을 하던 아이들 손에 한가득 들린 멍게를 봤다. 어디서 땄냐고 물어보니 굴 양식장 닻줄에 붙어 있던 것이라고 했다. 멍게는 바위에나 붙어 사는 것으로 생각했던 시절, 최 씨는 멍게가 줄에도 붙는다면 양식도 가능하겠다고 생각했다. 바로 이듬해부터 양식에 도전해 나름 재미를 보았지만 생산량이 들쑥날쑥했다. 이후 1980년대 정부 권장으로 일본 센다이 지역에서 종묘를 도입하면서 지금처럼 멍게 대량생산이 가능해졌다. 통영 멍게는 2~6월 사이에 수확하는데 4~5월 것이 가장 맛있다.

"통영 사람들은 굴을 식당 가서 안 먹어요."

통영 토박이에게 굴 요리 식당을 물으니 이런 대답이 돌아온다. 통영 사람들에게 굴은 집에서 요리해 먹는 음식이다. 언제든 시장에서 저렴한 가격으로 넉넉한 양을 살 수 있기 때문이다. 통영에 있는 굴 전문 식당은 외지인이나 여행객을 위한 것이다. 통영은 전국에서 가장 다양한 굴 코스 요리를 즐길 수 있는 도시다. 보통 생굴, 굴구이, 굴무침, 굴전, 굴탕수육, 굴국과 굴밥 순으로 나온다. 계란 옷을 살짝 입힌 굴전, 쌀가루와 부침가루로 옷을 입힌 굴탕수육이 별미다. 서호동 통영명가나 무전동 향토집이 제법 유명하다.

통영 사람들은 멍게를 날것으로 먹는 걸 좋아한다. 생으로 먹기 부담스럽다면 멍게비빔밥을 추천한다. 항남동 멍게가와 중앙동 원조밀물식당이 유명하다. 아니면 통영에서 해산물 요리로 유명한 대풍관으로 가보자. 이곳에서 굴 코스요리와 멍게비빔밥을 한꺼번에 해결할 수 있다. 굴 코스요리 가격은 최소 1만 5천 원에서 시작해 가짓수가 많아질수록 비싸진다. 멍게비빔밥은 대부분 1인분에 1만 원 정도다.

굴무침, 굴전, 멍게비빔밥 통영에서는 전국에서 가장 다양하고 싱싱한 굴·멍게 요리를 즐길 수 있다.

24 시락국골목

서호시장에서 만나는 통영의 맛

참 달다 이 봄맛, 앓던 젖몸살 풀듯 곤곤한 냄새 배인, 통영여객선터미널 앞 서호시장 식당 골목, 다닥다닥 붙은 상점들 사이, 우리처럼 알음알음 찾아온 객이, 열 개 남짓한 식탁을 다 차지한, 자그마한 밥집 분소식당에서 뜨거운 김 솟는, 국물이 끝내준다는 도다리쑥국을 먹는다.[25]

–「통영의 봄은 맛있다」 중에서

오전 7시. 나름 일찍 도착했다고 생각했는데 서호시장에는 이미 한낮의 일상이 차분하게 펼쳐지고 있다. 큰길가 분

25 배한봉, 『주남지의 새들』, 천년의시작, 2017.

소식당에 들어선다. 오전 6시부터 문을 여는 곳이다. 손님용 탁자에 앉았던 주인이 '으차, 오늘 하루도 시작되는구나' 하는 표정으로 일어선다. 도다리쑥국을 시킨다. 복국을 주로 팔지만 봄철이면 도다리쑥국을 찾는 이가 많다.

통영 봄의 맛, 도다리쑥국

도다리쑥국은 통영에서 시작된 음식인데, 이름 그대로 도다리와 쑥으로 끓인 맑은 국이다. 도다리는 저지방인데다 양질의 단백질을 섭취할 수 있으며, 비타민도 많아 면역력을 높이는 생선이다. 쑥은 훌륭한 혈액 순환제이고 도다리처럼 비타민이 많아 봄철 대표적인 영양 식품이다. 도다리와 쑥이라니, 옛 통영 사람들이 어떻게 이런 조합을 찾아냈는지 신기하다.

탁탁탁 도마에 칼 부딪치는 소리가 경쾌하다. 주문한 음식이 나오는 동안 손님들이 하나둘씩 들어온다. 서호시장 주변에는 분소식당이 아니라도 도다리쑥국을 파는 집이 많다. 유명세가 있어 외지인들은 주로 분소식당을 찾는데, 서호시장이나 중앙시장 근처 어느 식당을 가도 맛은 비슷하다.

드디어 도다리쑥국이 나왔다. 뒤적여보니 살이 통통한

도다리쑥국 영양 가득한 도다리와 쑥의 조합으로 탄생한 도다리쑥국은 봄철 통영에서 만날 수 있는 별미다.

도다리 한 마리가 통째로 들어가 있다. 녹색 그대로인 싱싱한 쑥 때문일까, 도다리쑥국에서 봄날 푸근한 흙 향기가 풍기는 듯하다. 한 그릇을 싹 비우고 식당을 나오니 그새 시장이 북적인다.

아침엔 서호시장, 오후엔 중앙시장

서호시장 건너편이 통영항여객선터미널이다. 통영 섬으로 가는 여객선 대부분이 이곳에서 출발한다. 서호시장 땅의

80%는 일제강점기에, 나머지는 해방 후 매립되었다. 해방 직후 국유지로 귀속되어 황무지였다가 일본에서 귀향한 동포들이 판잣집 등을 지으면서 임시 거주지가 됐다. 서호시장은 새터시장이라고 불렸다. 서호만을 메워서 만든 새 땅(새터)에 형성된 시장이기 때문이다. 새터에 사람들이 모여들자 노점이 생기기 시작했다. 바로 앞에 통영항도 있어 어선에서 잡아온 생선을 사고팔며 장판이 점차 커졌다. 1950년 5월 정식으로 서호공설시장이 개설됐다.

서호시장 이전에는 중앙공설시장(지금 중앙시장)이 있었다. 통제영 시절 창원, 김해, 하동에서 장배에 싣고 온 쌀이 모이던 남문 밖 싸전(쌀 시장)에서 시작한 장터다. 지금은 그 개념이 많이 흐려졌으나 '서호시장은 아침 시장, 중앙 시장은 오후 시장'이라는 말이 있을 정도였다.

『통영시지』 경제편에서는 "서호공설시장은 1900년 초 동교동(서호동)에 처음 등장했던 '조시장(朝場)'의 전통을 이어받아 활어 등 해산물을 주로 취급하는 '아침 시장'으로, 중앙공설시장은 주로 일용 잡화 등을 취급하는 '오후 시장'으로 기능하고 있었다. 따라서 두 시장은 상권의 충돌 없이 독자적으로 발전해 갈 수 있었다."고 밝히고 있다.

서호시장 내 식당이나 상가들이 왜 그렇게 일찍들 문을 여는지 이해가 된다. 옛날에는 새벽부터 점심까지만 하고 문을 닫는 식당도 많았다. 이제는 주로 여행객을 상대로 장사를 하다 보니 두 시장 모두 온종일 문을 여는 시장이 됐다.

두 시장 말고도 북신시장(일명 거북시장)도 있다. 외지에서 통영 도심으로 들어올 때 지나는 첫 시가지가 무신동과 북신동이다. 이 시장은 주로 현지인이 많이 찾는다.

골목에서 만나는 향토 음식의 향연

붉은 소쿠리에 담긴 푸른 채소, 푸른 상자에 담긴 하얀 두부, 울긋불긋한 양념 병, 아니면 활어 상인들이 우연히 겹쳐 놓은 다양한 색깔의 플라스틱 대야들 때문일까. 그것도 아니면 불투명한 아케이드 지붕으로 내려오는 은근한 빛 때문일까. 다른 전통시장에서 볼 수 있는 것들인데도 희한하게 서호시장이 가진 색감이 남다르다.

이렇게 시장 구석구석을 돌아다니다 보면 조그만 식당들이 가득 들어선 골목을 만난다. 서호시장 식당골목이다. 시락국집이 많아 시락국골목이라고도 한다. 분소식당에서 가까운 입구로 들어가 그대로 직진하면 만나는 세 번째 골목이다. 시락국은 서호시장에서 먹을 수 있는 또 다른 별미다. 시락국은 시래깃국의 경상도 사투리로 부두 일꾼이나 뱃사람, 여객선 손님 등 새벽부터 항구를 오가는 사람들의 든든한 아침이었다.

시락국골목 입구 훈이시락국으로 들어가 본다. 식탁이 따로 없고 니은(ㄴ) 자로 꺾인 바(bar) 테이블만 있다. 테이블 가운데 뷔페식으로 반찬이 놓여 있다. 옆 사람과는 다닥다닥 붙어서, 앞사람과는 마주 보고 앉아서 먹어야 한다. 불편하지만 여행 성수기에는 그나마 앉을 자리도 없다. 가격이 4,000~5,000원으로 싸고, 반찬은 스무 가지가 넘는다. 가장 인기 있는 건 큰 계란말이다. 계란말이 단면이 조금 과장해서 성인 손바닥 크기다. 서호시장 시락국의 핵심은 장어로 끓여낸 육수다. 장어국인 셈이다.

시락국골목에는 시락국만 있는 게 아니다. 통영에서만 즐길 수 있는 우짜도 있다. 우짜는 우동과 짜장의 합성어다. 우동을 기본으로 하고 그 위에 짜장 소스를 올려준다. 길거리 포장마차에서 많이 팔던 음식이다. 우짜집에서 당연히 우동과 짜장면도 먹을 수 있지만 그렇다고 중국집은 아니다. 시락국골목에서는 원조할매우짜가 유명하다. 서호시장

시락국(위)과 우짜(아래) 시락국골목에서 맛볼 수 있는 대표적인 통영 음식. 시락국은 장어 육수로 맛을 낸 시래깃국이고, 우짜는 우동에 짜장을 올린 것이다.

에서 항남동 쪽 골목으로 가다 보면 우짜집이 제법 많다.

시락국골목에는 죽집도 많은데 메뉴 중에 빼떼기죽이 유명하다. 빼떼기는 고구마를 얇게 잘라 살짝 찐 다음 햇빛에 말린 걸 말한다. 표준어로는 삐대기라고 한다. 달콤한 맛과 쫄깃한 식감으로 옛날 아이들이 간식으로 많이 먹었다. 이런 빼떼기를 넣어서 끓인 게 빼떼기죽이다.

…… 더 보기 : 중앙시장 주변 ……

- **거구장** : 해산물 천국인 통영에서 유명한 한우 소갈비 전문집이다. 일제 강점기에 지어진 식당 건물부터 운치가 있다. 일식집 자리를 물려받아 1987년 문을 열었다. 거구는 큰 거북이란 뜻이다. 많이 먹고 거북이처럼 오래오래 살라는 뜻을 담았다.
- **중앙시장 회초장집** : 중앙시장 안 활어시장에서는 독특한 방식으로 회를 먹을 수 있다. 횟감은 활어시장 좌판에서 산다. 100여 곳이 넘는 좌판에 놓인 싱싱한 생선들을 둘러보며 직접 먹을 것을 고르는 재미가 있다. 횟감을 샀으면 활어시장 주변 회초장집으로 가져가 양념과 반찬값을 따로 내고 먹는다. 활어 상인만큼이나 회초장집이 많다. 횟감만 따로 샀을 뿐 기본적으로 횟집과 비슷하다. 물론 회초장집에 바로 가도 회를 먹을 수 있다.
- **가두리** : 중앙활어시장 횟집이 부담스럽다면 젊은 감각의 해산물 펍차(펍+포차) 가두리를 찾아가 보자. 중앙활어시장에서 동피랑 가는 길목에 있다. 카페 같은 내부 인테리어에 다양한 퓨전 안주까지 즐길 수 있다.

25 항남동 도깨비골목

제철 해산물이 한 상 가득, 통영 다찌

'다찌'는 통영만의 독특한 술집 문화다. 안주를 따로 주문하는 게 아니라 정해진 금액을 내면 제철 해산물이 안주로 계속 나온다. 계절에 따라 안주 종류와 가짓수가 다르다. 얼음으로 채운 양동이(일명 바케쓰)에 술을 담아 내오는 것도 다찌만의 특징이다. 다찌는 일본어로 선술집을 뜻하는 '다치노미'에서 유래했다고 본다. 임시로, 잠시를 뜻하는 일본어 '다치'에서 비롯했다는 말도 있다. 그렇다고 다찌가 오롯이 일본식 술 문화인 것은 아니다. 다찌 문화가 시작된 건 해방 이후의 일이다. 뱃사람들이 간단하면서도 푸짐하게 술을 마시던 방식이 통영 다찌로 발전한 것이다. 마산의 통술, 진주의 실비도 모두 통영 다찌에서 파생한 것으로 본다.

다찌에 담긴 통영 음식 문화

원래 다찌는 술값만 받고 안줏값은 아예 받지 않는 방식이었다. 대신 술값이 일반 술집보다 두 배 이상 비쌌다. 술을 많이 먹을수록 더 좋은 안주가 끊임없이 나왔다. 다찌는 술을 상자째로 마시던 뱃사람들은 물론 퇴근길에 소주나 맥주 한두 병으로 하루를 달래던 주민들의 일상 술집이었다. 단골 위주 장사여서 안주도 손님의 입맛에 맞춰서 내놓았다.

그러다 통영이 관광지로 유명해지면서 외지인들도 다찌집을 찾기 시작했다. 여행객들은 술보다는 안주에 관심이 많았고, 자주 오는 손님이 아니니 주인이 일일이 입맛을 파악할 수도 없었다. 술값만 받는 방식으로는 손해가 컸다. 그래서 요즘에는 1인당 3~4만 원씩 혹은 한 상에 9~10만 원씩 안줏값을 받는다. 소주나 맥주 몇 병이 기본으로 포함된다. 대신 추가하는 술은 이전처럼 비싸지 않다. 모양새도 횟집과 비슷해졌다. 이런 걸 '관광 다찌'라고 하는데, 지금은 대부분 이 형태로 장사를 한다. 현지인들은 정다운 옛날 선술집 분위기가 사라졌다며 아쉬워한다. 하지만 여행객들에게 통영 다찌는 한 상에 통영 특유의 해산물 요리를 20가지씩이나 즐길 수 있는 매력적인 음식 문화다.

벅수다찌 제공

통영 다찌 한 상 다찌는 다양한 해산물 요리를 푸짐하게 즐길 수 있는 통영 특유의 음식 문화다. 사진은 최근 TV 프로그램에서 소개되어 유명해진 벅수다찌의 한 상 차림이다.

다찌집은 세대교체 중

항남동 골목에 다찌집이 많이 모여 있다. 최근 TV 프로그램 '알쓸신잡'에 나온 벅수다찌나 또 다른 TV 프로그램 '맛있는 녀석들'에 나온 울산다찌 등이 유명하다. 특히 골목 깊숙한 곳에 있던 벅수다찌는 큰길가로 이전하면서 현대적인 분위기가 물씬 풍기는 가게로 변신했다. 젊은 딸들이 운영을 맡기 시작하며 세대교체도 이루어졌다.

"이전 자리는 낡아서 여러모로 신경 쓰이는 게 많았어요. 낡은 분위기가 좋아서 일부러 찾아오시는 분들도 계셨지만,

사실 젊은이들이 찾아오기는 좀 그렇잖아요. 깔끔하고 감각적인 것을 원하는 요즘 소비자들의 요구를 따라가지 않으면 다찌집도 오래갈 수 없다고 생각해요."

어머니를 이어 벅수다찌를 운영하는 이수진 씨의 말이다.

다찌집 가격이 부담스러우면 반다찌집을 찾아도 된다. 반다찌집에서는 다찌보다 가짓수는 적지만 절반 가격으로 다찌 문화를 경험할 수 있다.

근대 문화재가 된 골목, 항남동

강구안에서 통영 여객선터미널 방향으로 보이는 동네가 항남동이다. 항남동 골목은 일제강점기부터 유명했던 통영의 번화가로 지금도 숙박업소, 술집, 식당, 유흥업소 등이 모여 있다. 통영 수산업이 번창하던 1960년대까지만 해도 지금보다 훨씬 많은 숙박업소와 술집으로 북적이던 거리였다. 대낮에도 젓가락 장단 노랫소리가 흘러넘쳤다.

통영시는 항남동 골목을 '도깨비골목'이란 테마 거리로 꾸몄다. 도깨비골목은 항남동 골목의 여러 별명 중 하나다. 다찌집이 많아 다찌골목, 서부영화 속 텍사스를 닮아 텍사스골목으로 불리기도 했다. 도깨비골목은 온갖 술집과 카페

항남동 도깨비골목
도깨비골목은 항남동 골목 별명 중 하나로, 도깨비가 요술을 부리듯 골목의 변화가 심하다는 뜻이기도 하고, 카페와 술집이 많아 춤과 노래를 좋아하는 도깨비와 어울리는 골목이란 의미도 있다.

가 가득해 도깨비가 요술을 부리듯 변화가 심해서 붙은 별명이다. 골목을 걷다 보면 도깨비 상징물을 곳곳에서 발견할 수 있다. 통영시는 '2019년 제39회 통영예술제' 부대 행사로 지역 청년예술가들이 참여한 '도깨비골목제'를 여는 등 도깨비골목 활성화를 위해 애쓰고 있다.

2020년 3월에는 항남동 골목이 바로 옆 중앙동 골목과 함께 '통영 근대역사문화공간'으로 국가등록문화재가 됐다. 조선시대 성 밖 거리 흔적들이 남아 있고, 대한제국 때부터 매립이 이뤄졌던 곳이며, 일제강점기부터 해방 이후까지 번화했던 옛 시가지의 모습과 건축물이 많이 남아 있기 때문이다. 이미 중앙동 골목에 있는 근대주택 네 채와 항남동 골목에 있는 구 석정여인숙, 구 대흥여관, 근대상가, 김상옥 생가, 통영목재는 각각 국가등록문화재 제777-1~9호로 지정돼 있었다. 이런 문화재가 모여 있는 골목까지 근대문화유산으로 인정받은 것이다. 통영시는 앞으로 근대역사문화공간 재생 활성화 사업을 벌여, 항남동 골목을 지역 주민과 상생하는 문화공간으로 만들 계획이다.

이중섭과 나전칠기기술원양성소

항남동 골목에서 놓치면 안 되는 장소 중 하나가 옛 경남도립 나전칠기기술원양성소다. 1930년대에 지어진 이 건물은 근대문화유산으로 가치가 충분하지만 문화재로 등록되지는 않았다. 커다란 푸른 지붕이 인상적인 2층 건물로 원래는 청루(기생집)로 쓰였다. 한국전쟁 때인 1951년 세병관 앞에 경남도립 나전칠기기술원강습소가 생겼는데, 이듬해 현재 건물로 옮긴 후 양성소로 이름을 바꿨다. 전쟁 중이었지만 많은 이들이 나전 기술을 배우려고 입학했다.

당시 양성소 주임 강사였던 유강렬은 공예가, 염색사, 판화가로 한국 현대미술사에 큰 발자국을 남긴 인물이다. 그가 한국의 피카소로 불리던 화가 이중섭을 통영으로 불러들였다. 1952년 통영으로 올 당시 부산에서 피난 중이던 이중섭은 생계가 어려워지자 아내와 아이들을 일본으로 보내고 자신은 부두 노동자로 지내고 있었다. 이중섭은 통영에 2년

나전칠기기술원양성소 건물 현재 상가로 쓰이고 있는 양성소 건물은 원형이 비교적 잘 보존되어 있다. 건물 입구 오른쪽에 이중섭이 머물던 곳임을 알리는 표지석이 보인다.

간 머물렀는데, 친구 유강렬이 있던 나전칠기기술원양성소에서 거의 살다시피 했다. 「흰 소」, 「황소」 등 그의 유명한 소 연작은 물론, 「달과 까마귀」, 「부부」, 「도원」, 「가족」 같은 작품도 통영에 머물며 완성한 것이다.

양성소 건물은 현재 식당과 카페로 쓰이고 있다. 건물 모퉁이에 세워진 표지석 사진 속 이중섭은 여전한 얼굴로 지나가는 이들을 가만히 바라보고 있다.

26 김용식·김용익기념관

서양을 사로잡은 마술의 펜

그 배는 계절과 함께 쭈그러든 것 같이, 고향으로 가지도 못할 것 같이 내가 기억했던 것보다 아주 작아 보인다. 많은 선객들을 보자 나도 그 틈에 끼었다. 배에 오르니 생선, 해초 냄새— 이제야 고향에 들어선 것 같다.[26]

김용익 소설집 1권 『꽃신』에 실린 「밤배(From Here You Can See The Moon)」의 첫 부분이다. 오랜만에 고향을 찾은 주인공이 느낀 세월의 거리감, 어린 시절에 뛰놀던 골목을 다시 찾았을 때 '원래 골목이 이렇게 좁았나' 싶은 그 낯섦이 잘 드

---

26 김용익, 『꽃신』, 남해의봄날, 2018.

러난다. 처음 이 부분을 읽는 순간 탄성이 나왔는데, 옛날 소설답지 않게 몽환적인 문장 때문이다.

외교관 김용식과 소설가 김용익

통영시 주전3길 18번지(태평동)에 김용식·김용익기념관이 있다. 깔끔한 현대식 주택인데, 형제가 태어나고 자란 주소에 있던 집을 그대로 활용했다. 원래는 초가집이었다가 기와집으로, 다시 양옥으로 바뀌어 지금 같은 모습이 됐다. 이 집은 김용식의 아들 김수환 씨가 소유하다가 2011년 통영시에 기부했다. 기념관으로 문을 연 것은 2013년이다.

소설가 김용익(1920~1995)은 통영에서 태어나 어린 시절을 보내고, 일본과 미국에서 공부했다. 미국 시민권을 받고 활동한 1세대 한국계 미국 작가다. 그의 형 김용식(1913~1995)은 1940년대부터 주홍콩 영사, 주호놀룰루 총영사, 주일 공사, 주프랑스 공사, 주제네바 공사, 주필리핀 대사에 이어 1963년에는 외무부 장관에 오르고 이듬해 UN 대사까지 거친 이름난 외교관이었다.

관료와 정치가로 승승장구한 형 김용식과 달리 동생 김용익은 평생 권력이나 특권을 애써 멀리하고 소설가와 교육

김용식·김용익기념관 김용식, 김용익 형제가 태어나 자란 주소의 주택을 개조해 만든 기념관으로, 김용식의 아들 김수환이 통영시에 기부하여 2013년 문을 열었다.

자로 조용한 삶을 살았다. 심지어 작품이 베스트셀러가 되는 것도 원하지 않았다. 기념관 내부는 김용식, 김용익의 어린 시절 모습이 담긴 가족사진부터 업적, 저작물까지 다양한 자료로 꾸며져 있다. 형제가 주고받은 편지들도 볼 만하다.

마술의 펜으로 불리다

김용익은 미국에서 살며 영어로 소설을 썼다. 그의 소설은 발표 당시 미국과 유럽에서 인정받았고 김용익은 '마술의 펜'이란 별명을 얻었다. 1956년 미국 잡지 〈하퍼스 바자〉에

「The Wedding Shoes」(꽃신)를 발표하며 작품 활동을 시작했는데, 미국 〈뉴요커〉, 이탈리아 〈마드모아젤〉 등 서구 유명 매체가 이를 소개하며 가장 아름다운 소설이라고 극찬하기도 했다. 이후 그의 소설은 1960년 미국도서관협회 '올해의 우수 청소년 도서'로 선정되고, 1967년 오스트리아 정부 문화상도 받았다. 그가 발표한 소설 중에는 미국과 덴마크 교과서에 실린 작품도 있다. 그러니 미국과 유럽의 청소년들이 그의 소설을 읽고 자랐다고 해도 과장은 아니다.

> 별안간 비바람이 불던 다음 날, 마을을 둘러싼 네 개의 언덕과 푸른 하늘 사이에 공기는 맑고 풍성하여 꿈꿀 수 있는 그 거리, 농부들이 황금빛 새 짚으로 단장한 마을 초가들은 젊고 매끄럽게 보였다. 우리 집 처마 끝에 집을 짓고 사는 시끄러운 참새들이 수수밭으로 날아가기 전, 이른 아침 아버지는 암소를 사러 부산으로 떠났다.[27]

김용익은 자기가 쓴 소설을 한국어로 직접 번역해 우리

---

27 김용익, 『꽃신』, 남해의봄날, 2018.

나라에 발표했다. 그는 한국어로 소설을 번역하며 영어 문장이 표현하지 못하는 한국적인 정서를 제대로 담으려 노력했다. 영어와 한국어의 묘한 교차점에 그의 문장이 있기 때문일까, 그의 소설은 1960~70년대 당시 국내 소설과는 무언가 달랐다. 그 아름다움과 세련됨이 요즘 나온 소설이라 해도 믿을 수 있을 정도다.

통제영이 가까이서 보이는 당산

김용식·김용익기념관이 기댄 태평동 언덕은 원래 당산(堂山)이라 불렸다. 어느 지역에나 있는 흔한 산 이름으로 마을 수호신을 모시는 당집이 있던 산을 말한다. 당산 동남쪽 자락에 주전골이라는 마을이 있었다. 통제영에서 이곳에 주전소(鑄錢所)를 만들고 상평통보를 찍었기에 붙여진 이름이다. 지금은 '주전길'이라는 도로명으로 그 흔적만이 남아 있다.

무엇보다 당산의 매력은 통제영에서 바라볼 때 빛을 발한다. 통영 강구안 쪽으로 충무고등학교를 지나 세병로를 따라가다 보면 굴다리를 하나 지난다. 그러면 오른편으로 통제영을 낀 내리막인데, 여기서 마주 보이는 언덕이 당산이다. 박경리의 소설 『김약국의 딸들』에는 억울한 백성이

태평동 언덕 마을 수호신을 모시는 당집이 있던 산으로, 능선을 따라 들어선 주택들 사이로 올라가 보면 통제영이 가까이서 보인다.

이 당산에 올라 통제영을 바라보며 호소했다는 이야기가 나온다. 당산이 통제영과 가장 가까운 언덕이기에 가능했을 테다.

당산의 능선을 따라 차곡차곡 들어선 주택들 사이를 돌아다니는 일도 색다른 즐거움이다. 골목은 두 명이 겨우 비켜서 지날 수 있을 정도로 좁다. 손바닥만한 텃밭, 낡은 대문과 담장 같은 오래된 삶의 흔적들이 구석구석에 놓여 있어 정겨움을 더한다. 마을이 언덕 위에 있어 골목을 지나는 바람이 제법 세차다. 바람을 피해 골목을 휘적휘적 돌아다니다 보면 문득 통제영을 바라보며 선 정자를 만난다. 통제영이 가까이 보인다. 억울한 백성이 통제사 나리를 향해 소리지르던 그 장소는 아마도 이곳이었을 것 같다. 지금은 간간이 들리는 바람 소리를 빼면 아주 평온하고 조용한 곳이다. 건너편 통제영에서 들려오는 관광객들의 소리가 어지럽게 웅성거린다.

27 중앙동우체국

청마가 부친 5,000통의 연애편지

통제영에서 통영활어시장 쪽으로 가다보면 도롯가에 번쩍번쩍 빛나는 2층 건물이 보인다. '이문당 서점 1945'라고 적혀 있다. 오랜 시간 이문당은 통영을 대표하는 서점이었다. 청마 유치환, 김춘수, 박경리 같은 통영 문인들이 즐겨 찾던 곳이기도 했다. 하지만 아쉽게도 2014년 문을 닫았다. 2000년대 들어 본격적으로 늘어난 온라인 서점의 영향이기도 했고, 영상 문화의 확산도 서점 운영을 어렵게 하는 데 한몫했다. 이문당 서점을 살리려는 움직임도 있었으나 쉽지 않았던 모양이다. 서점은 여전히 텅 비어 있다.

이문당 서점 건물 뒤편으로 우체국이 보인다. 통영 중앙동우체국이다. 입구 왼쪽에 빨간 우체통과 책을 펼친 모양의 석조 조형물이 나란히 있다. 책에는 시 한 편이 적혀 있다.

사랑했으므로 행복하였네라.
사랑하는 것은
사랑을 받느니 보다 행복하느니라.
오늘도 나는
에메랄드 빛 하늘이 환히 내다뵈는
우체국 창문 앞에 와서 너에게 편지를 쓴다.
행길을 향한 문으로 숱한 사람들이
제각기 한 가지씩 생각에 족한 얼굴로 와선
총총히 우표를 사고 전보지를 받고
먼 고향으로 또는 그리운 사람께로
슬프고 즐겁고 다정한 사연들을 보내나니.[28]

—「행복」 중에서

우체국 창문 앞에서 편지를 쓰며 바라본 풍경이 영화의

---

28 유치환, 『사랑하였으므로 행복하였네라』, 시인생각, 2013.

중앙동우체국 앞 조형물 유치환의 시 「행복」이 새겨진 이 조형물은 통영중앙동우체국(옛 통영우편국)을 자주 찾아 편지를 보내던 유치환을 기념하기 위해서 세운 것이다.

한 장면 같다. 이 시에서 나오는 우체국이 바로 중앙동우체국이다. 시인이 드나들 당시는 통영우편국이었다.

중앙동우체국 주변 현재 충무교회 자리에 1940~50년대 유치환 시인의 창작 공간인 영산장과 그의 부인이 운영하던 문화유치원이 있었다. 문화유치원은 유치환 부부의 살림집이기도 했는데, 유치환은 이곳을 근거지로 통영문화협회 활동을 주도했다. 유치환이 회장이었고, 김춘수 시인이 총무였으며, 소설가 김용익, 시조시인 김상옥, 작곡가 윤이상, 서양화가 전혁림, 김용주 등 당시 젊은 문화예술인들이 다수 참여했다.

운명적인 만남과 5,000통이 넘는 연애편지

유치환 시인은 통영우편국에서 지인들에게 편지를 부쳤다. 아마도 제일 많이 부친 편지는 그가 사랑했던 이영도 시조시인에게 보낸 것이 아니었을까. 둘은 1945년 통영여고에서 처음 만났다.

유치환은 1941년 일제가 태평양전쟁을 일으키자 환멸을 느끼고 만주로 떠났다가 해방이 되면서 돌아왔다. 그가 38세 되던 해다. 그리고 통영여고에서 국어교사로 일하기 시작했다. 당시 29세 이영도 시조시인도 이 학교 교사였다. 그녀는 폐결핵을 앓던 남편의 요양과 치료를 위해 통영에 왔다가 결국 남편과 사별한 후 혼자 딸을 키우고 있었다. 유치환은 이를 알면서도 이영도를 사랑하게 된 것이다. 그의 구애 방법은 편지였다. 그녀는 당연히 유치환의 구애를 거절했다.

유치환이 이영도에게 본격적으로 편지를 쓰기 시작한 게 1947년이다. 편지는 그가 세상을 뜬 1967년까지 20년 동안 줄기차게 이어졌다. 이영도는 유치환의 편지를 계속 가지고 있다가 한국전쟁 때 다 잃어버렸지만 그 이후 받은 편지만 해도 5,000통이 넘었다.

유치환은 1967년 2월 13일 저녁 부산에서 예총 일로 문인들과 어울린 후 집으로 돌아가던 길에 시내버스에 치여 숨지는데, 이때 60세였다. 두 달 후 이영도는 가지고 있던 편지 중에서 200통을 추려 『사랑했으므로 행복하였네라』를 출판한다. 20년 동안 얼마나 많은 사람이 둘의 관계를 두고 수군거렸을지 짐작된다. 이영도는 이 책으로 유치환이 자신을 사랑했던 마음이 속되기보다 진실했음을 증명하려 했던 것 같다. 이 책은 바로 베스트셀러가 되고 당시 2만 5,000부가 팔렸다. 당시로서는 엄청난 기록이었다. 판매 수익은 정운시조문학상(현 이호우·이영도 시조문학상) 기금으로 쓰였다.

사랑했으므로 행복하였네라

유치환의 편지는 항상 '사랑하는 정운'으로 시작해서 '당신의 마'로 끝났다. 마는 유치환의 호 청마를 줄인 것이다. 대부분은 늘 무슨 책을 읽었다든지, 갑자기 이런 아이디어를 떠올려봤다든지 하는 일상 이야기다. 중간중간 애틋한 마음이 담긴 구절이 들어가 있다. 1952년 8월 17일 쓴 편지다.

> 운, 당신을 생각하면 무한히 외롭습니다. 그러나 또한 이 외로움이 얼마나 내게 즐거운지 모릅니다. 당신을 생각함으로 날마다 외로움에 잠기어 있을 수 있음이 행복합니다. 당신은 이렇게 내게 가지가지 보배로운 것을 가져다주는 것입니다.[29]

애틋함은 이로부터 9년 후인 1961년 3월 27일 쓴 편지에서도 여전하다.

사랑한 내 운! 당신이 아무리 외롭더라도 안심하여도 좋을 것입니다. 그것은 나의 애정이, 내 목숨이 더불어 있는 한 당신을 향해서 마르지 않을 터이니까요. 그리고 한 애정의 나무에 애정의 빗물을 줌이 또한 내가 나를 구원함이요, 그것을 줄 수 없는 날인 즉 나는 나를 죽이는 순간이고 말겠으니 말입니다.[30]

유치환 시인은 이렇게 20년을 한결같이 사랑한다고 편지를 썼다. 물론 둘은 현실적으로 맺어질 수 없음을 알고 있었다. 이는 이영도 시인도, 둘 사이를 잘 알고 있던 유치환의 부인도 마찬가지였다.

유치환의 시 「행복」은 이렇게 끝난다.

사랑하는 것은 사랑을 받느니보다 행복하나니라.
오늘도 나는 너에게 편지를 쓰나니
그리운 이여, 그러면 안녕!
설령 이것이 이 세상 마지막 인사가 될지라도

29·30 유치환, 『사랑했으므로 행복하였네라』, 중앙출판공사, 1995.

사랑하였으므로 나는 진정 행복하였네라.[31]

유치환은 평생 삶의 근본을 묻는 이성적인 시를 썼다. '이것은 소리 없는 아우성'으로 시작하는 「깃발」이나 '나의 지식이 독한 회의를 구하지 못하고 내 또한 삶의 애증을 다 짐 지지 못하여 병든 나무처럼 생명이 부대낄 때'로 이어지는 「생명의 서」가 대표적이다. 자신의 낭만은 모두 이영도 시인에게 쓴 편지에 쏟아부었던 것 같다.

유치환 흉상 통영 중앙동우체국에서 가까운 작은 공원에서 그의 흉상과 「향수」 시비를 만날 수 있다.

중앙동우체국 앞을 지나 다시 큰길로 나오면 조그만 공원에 유치환 흉상이 있다. 그의 얼굴을 가만히 바라보며 어쩌면 사랑을 받는 사람보다, 사랑을 하는 사람이 더욱 깊고 풍성한 삶을 사는 게 아닐까 생각해 본다.

---

31 유치환, 『사랑하였으므로 행복하였네라』, 시인생각, 2013.

…… 더 보기 : 중앙동우체국 주변 ……

- **초정거리** : 중앙동우체국에서 그대로 도로를 따라가면 초정거리다. 유치환 시인과 함께 통영문화협회 활동을 했던 초정 김상옥 생가가 이 거리에 있다. 김상옥은 1950년대 한국 현대시조계를 대표하는 시인으로 시조 현대화에 공헌했다.
- **김춘수 동상** : 초정거리 근처 작은 공원에 중절모를 쓰고 지팡이를 쥔 김춘수 시인 동상이 있다. 통영문화협회에서 유치환과 함께 활동한 현대 시인으로 '내가 그의 이름을 불러주기 전에는 그는 다만 하나의 몸짓에 지나지 않았다'로 시작하는 시 「꽃」을 썼다.
- **청마문학관** : 통영시 정량동 언덕에 유치환 생가와 함께 있다. 그리 큰 규모는 아니지만, 전시 공간이 알차게 채워져 있다. 동호만 일대도 훤히 보인다.

28 견내량

거센 물살이 키운 진상품 돌미역

2008년 '통영의 랜드마크'란 거창한 수식어와 함께 통영타워가 생겼다. 7층 스카이라운지와 옥상에서는 통영의 풍경이 360도로 펼쳐진다. 통영과 거제 사이의 산과 바다는 물론 고성, 창원, 부산까지 보인다. 통영타워는 통영에서 신거제대교를 건너기 직전에 있다. 통영타워가 전망대로만 쓰일 때는 입장료 1,000원을 받았다. 지금은 '카페 녘'이 타워 전체를 새로 꾸며 직접 운영하고 있다. 입장료는 없지만 스카이라운지로 올라가려면 1층에서 음료를 주문해야 한다. 편안히 앉아 느긋하게 풍경을 바라볼 수 있으니 차 한 잔의 값이 아깝지 않다.

현재 통영과 거제를 잇는 다리는 신거제대교와 거제대교

두 량이다. 1971년 통영과 거제 사이에 처음 놓인 거제대교는 1999년에 신거제대교가 생기고 나서는 구대교로 불린다. 조선업이 한창 호황을 누리던 시절 초대형 조선소가 두 곳이나 있는 거제의 인구가 폭발적으로 증가했고, 늘어난 교통량을 구대교로는 전부 감당하지 못해 새로 지은 다리가 신거제대교다.

붉은 신거제대교는 산뜻하고 날렵하다. 파란 거제대교는 단순하지만 꽤 듬직하다. 신거제대교는 바다를 가로지르는 인간의 기술력을 보여주는 듯하고, 구거제대교에서는 거친 물살을 헤치고 바다를 건너겠다는 인간의 의지가 느껴진다.

한산도대첩이 시작된 바다, 견내량

견내량은 통영과 거제를 잇는 두 다리 아래의 바다를 말한다. 임진왜란 3대 대첩이자 세계 4대 해전 중 하나인 1952년 한산도대첩이 시작된 곳이다. 견내량으로 왜선을 유인한 후 학익진을 치고 기다렸다가 대승을 거둔 그 전투다. 한산도대첩은 후세 사람이 붙인 이름이고 이순신은 이 전투를 견내량파왜병(見乃梁破倭兵)이라고 보고했다. 견내량에서 왜병을 물리쳤다는 뜻이다.

통영타워와 신·구 거제대교 붉은 신거제대교(1999), 푸른 거제대교(1971) 아래 좁은 바다가 견내량이다. 신거제대교를 건너기 전 통영타워 전망대에 오르면 멀리 부산까지 볼 수 있다.

통영타워에서 견내량을 내려다본다. 멀리서도 느껴질 만큼 거친 물살을 따라 왜선이 조선 수군의 전투선을 우르르 쫓아가는 장면을 상상해본다.

통영타워 바로 아래에 견유마을이 있다. 견유는 '견내량에 있는 유방'에서 유래한 이름으로 유방은 통제영에서 파견한 장수가 머물며 바다를 지키던 요새를 말한다. 마을 항구에 고깃배가 한가득 있어 인상적이다. 마을 안에는 활어와 조개류를 주로 거래하는 수협견유위판장이 있다. 겨울이면 전국적으로 유명한 통영산 굴을 사고 파느라 바쁜 곳이다. 견내량 양쪽 해안으로 굴을 양식하는 회사가 많이 모여 있다. 주로 '○○수산'이란 간판이 붙은 건물들이다.

한국전쟁 때인 1950년 8월 17일, 견유마을 항구에서 한국 해병대 최초로 단독 상륙작전이 시작됐다. 이 작전을 취재한 뉴욕헤럴드 마거릿 히긴스(Marguerite Higgins) 기자가 '귀신도 잡을 만한 해병'이라는 표현을 썼는데, 이때부터 한국 해병대의 별명이 '귀신 잡는 해병대'가 됐다.

임금님께 진상하던 자연산 돌미역

해간도에 이르기 전 바닷가 능선을 따라 정겹게 자리 잡은 동네가 연기마을이다. 연기(蓮基)는 썰물 때 바닷물이 빠지면서 갯벌이 드러나고 육지와 해간도가 연결된다 해서 붙은 이름이다. 현재는 분리되었으나 해간도 또한 연기마을에 속했다. 2009년에 연기마을과 해간도를 잇는 해간교가 만들어졌다. 길이 267m 정도의 작고 짧은 다리다. 어디에서도 쉽게 볼 수 없는 아름다운 곡선을 자랑한다.

연기 마을은 5~10m의 수심에서 채취하는 자연산 돌미역으로 유명하다. 이순신의 난중일기 1594년 3월 23일 자에

견내량 돌미역 임금님 수랏상에 진상하던 자연산 돌미역을 채취하고 있다. 이곳의 미역은 견내량의 빠른 물살 덕에 더욱 고들고들하다.

경남도민일보 제공

는 "몸이 여전히 불편했다. 방답, 흥양, 조방장이 보러왔다. 견내량 미역 53동을 따 가지고 왔다."고 기록돼 있다. 견내량의 미역은 조선시대 임금님께 보양식으로 바쳐지는 해산물이었다. 지금도 연기마을의 주민들은 겨울철이면 자연산 물미역을 직접 고리로 잡아끌어 채취한다. 견내량은 물살이 세 미역을 양식하기가 어렵다. 센 물살을 버티며 자라기에 견내량의 미역이 특별히 맛있는지도 모르겠다.

해간도는 인구가 100명이 되지 않는 섬이다. 간섬이라고도 불린다. 간(艮)은 주역에서 동북쪽이란 뜻으로 통제영 동북쪽, 견내량 입구에 자리해 붙은 이름이다. 정성 간(懇) 자를 써서 간도라고도 했는데, 견내량 미역을 정성스럽게 채취해 임금께 바쳤다는 뜻으로 이해하기도 한다.

해간도 바닷가에 서서 견내량을 바라본다. 그 이름과는 다르게 바다는 넓게만 보인다. 수평선 위로 신거제대교와 구거제대교, 통영타워가 아득히 보이고 그 아래로는 어선 한 척이 물결을 출렁이며 바쁘게 지나간다.

대한민국 도슨트 ・통영 인문 지도

통영항 주변

1. 서피랑 : 정상 누각에 오르면 시내뿐 아니라 미륵산까지 볼 수 있는 통영 서쪽 언덕
2. 서피랑 99계단 : 주민들의 손길로 집창촌 야마골에서 관광 명소로 탈바꿈한 계단. 알록달록한 벽화뿐 아니라 사슴이 산다는 서피랑 목장도 있다.
3. 박경리 문학동네 : 소설 『김약국의 딸들』 속 배경이자 박경리 선생이 태어난 동네. 담벼락마다 선생이 쓴 글귀가 적혀 있다.
4. 정당샘 : 조선 중기에 만들어진 우물과 동네 빨래터였던 수로가 있는 샘터
5. 세병관 : 우리나라에서 가장 큰 목조 단층 건물 중 하나로 이순신의 전공을 기리고자 세운 조선시대 통제영 관아의 객사
6. 삼문당커피컴퍼니 : 50년 역사 표구사를 개조해 통영 힙스터들의 아지트가 된 카페 겸 문화공간
7. 동피랑 벽화마을 : 철거 위기 달동네에서 통영 대표 관광지가 된 벽화마을. 동피랑 할머니 바리스타가 내린 커피도 마실 수 있다.
8. 강구안 : 문화마당에 앉아 잔잔한 바다와 남망산을 바라보며, 충무김밥과 꿀빵을 먹기에 안성맞춤인 항구
9. 남망산 조각공원 : 남쪽 산봉우리에 만든 조각공원. 국내외 유명 조각가들의 15개 작품은 물론, 조선시대부터 이름 떨친 통영 앞바다를 볼 수 있다.

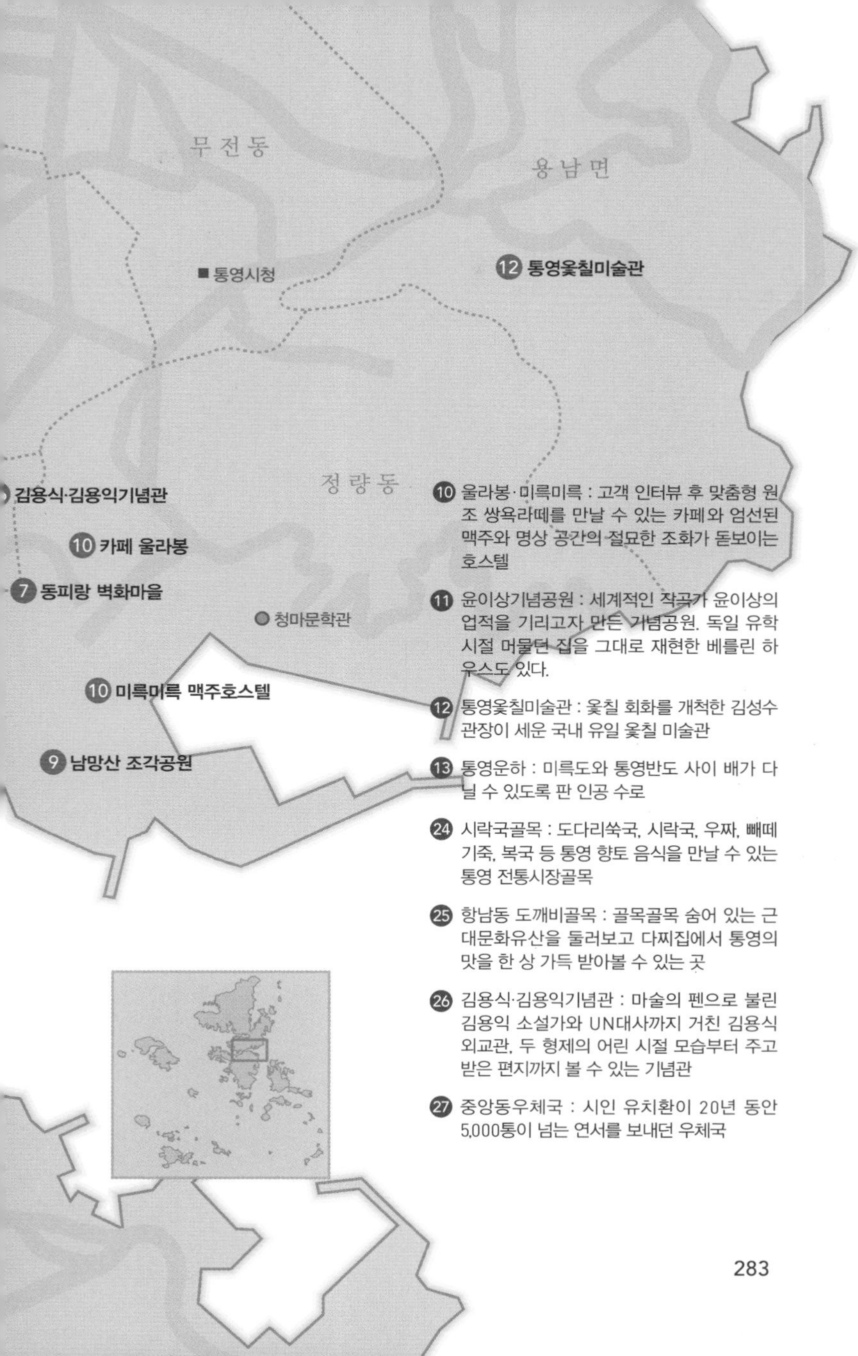

⑩ 울라봉·미륵미륵 : 고객 인터뷰 후 맞춤형 원조 쌍욕라떼를 만날 수 있는 카페와 엄선된 맥주와 명상 공간의 절묘한 조화가 돋보이는 호스텔

⑪ 윤이상기념공원 : 세계적인 작곡가 윤이상의 업적을 기리고자 만든 기념공원. 독일 유학 시절 머물던 집을 그대로 재현한 베를린 하우스도 있다.

⑫ 통영옻칠미술관 : 옻칠 회화를 개척한 김성수 관장이 세운 국내 유일 옻칠 미술관

⑬ 통영운하 : 미륵도와 통영반도 사이 배가 다닐 수 있도록 판 인공 수로

㉔ 시락국골목 : 도다리쑥국, 시락국, 우짜, 빼떼기죽, 복국 등 통영 향토 음식을 만날 수 있는 통영 전통시장골목

㉕ 항남동 도깨비골목 : 골목골목 숨어 있는 근대문화유산을 둘러보고 다찌집에서 통영의 맛을 한 상 가득 받아볼 수 있는 곳

㉖ 김용식·김용익기념관 : 마술의 펜으로 불린 김용익 소설가와 UN대사까지 거친 김용식 외교관, 두 형제의 어린 시절 모습부터 주고받은 편지까지 볼 수 있는 기념관

㉗ 중앙동우체국 : 시인 유치환이 20년 동안 5,000통이 넘는 연서를 보내던 우체국

미륵도 주변

⑭ 봉숫골 : 봄날의 책방, 전혁림미술관, 내성적싸롱 호심 등 개성 있는 카페, 식당, 책방 들이 가득한 동네. 매년 봄 봉숫골 꽃나들이 축제가 열린다.

⑮ 미륵산 : 원효대사가 미륵불이 찾아온다 예언했다는 산. 천년 사찰 용화사가 있으며 케이블카를 타고 정상에 오르면 통영 섬 전체를 볼 수 있다.

⑯ 통영국제음악당 : 통영국제음악제를 위해 1,300석 규모, 5층 높이로 만든 경남 유일 클래식 전용 공연장. 매년 3월 하순 통영국제음악제가 열린다.

⑰ 박경리 묘소 : 박경리기념관, 박경리 묘소, 박경리 동상을 둘러 보며 고요와 쉼을 누릴 수 있는 곳

⑱ 만지도 : 양식 전복으로 유명한 '전국 14호 명품마을'이 있는 만지도. 길이 98m의 출렁다리를 건너면 연대도로 갈 수 있다.

⑲ 욕지도 : 모노레일을 타고 장쾌한 대기봉에 올라 파노라마처럼 펼쳐지는 바다를 볼 수 있는 섬. 10월에는 욕지섬문화축제도 열린다.

⑳ 당포성지 : 최영 장군이 병사, 백성과 함께 성을 쌓아 왜구를 물리친 곳. 임진왜란 때 빼앗겼다 이순신 장군이 되찾았다.

㉑ 사량도 : 대한민국 섬 트레킹의 성지인 지리산이 있는 섬. 400m 남짓의 작은 산이지만 등산 난이도가 상당하고, 최고의 풍경을 선물한다.

㉒ 카페 배양장 : 멍게배양장을 개조한 함박마을 바닷가 카페. 지금도 카페 옆 동에서는 멍게를 배양한다.

㉓ 평인노을전망대 : 통영 북서쪽 해안을 도는 평인일주로 위 전망대. 푸른 바다 위로 굴, 멍게 양식에 쓰이는 하얀 부표가 보인다.

㉘ 견내량 : 통영–거제를 잇는 신·구거제대교 아래 좁은 바다로 한산도대첩이 시작된 곳. 견내량 돌미역은 임금님께 진상했을 만큼 맛이 일품이다.

노대도

견내량 28
(신)거제대교
거제시
23 평인노을전망대
■ 통영시청
22 카페 배양장
통영항
통영대교
16 통영국제음악당
14 봉숫골
미륵도
15 미륵산
17 박경리 묘소
20 당포성지
한산도
용초도
18 만지도
비진도
연화도

대한민국 도슨트 ・통영 연표

943	1374	1592	1599	1603
미륵산 도솔암 창건	최영 장군 당포성 축조	이순신 장군 당포해전 승리	조선시대 최초 이순신 사당 착량묘 조성	삼도수군통제영 설치

1943	1945	1947	1950	1951
등록문화재 제149호 통영시립박물관 건물 건립	이문당 개점	중앙동우체국을 통해 유치환 시인이 이영도 시인에게 편지를 보내기 시작함	서호공설시장 개장	경남도립나전칠기 기술원강습소 설립

1967	1971	1972	1991	1994
충무교 설치	거제대교 설치	한미 패류 위생협정 체결 (미국에 굴 수출 시작)	삼덕항(당포항) 국가항만 지정	금호통영마리나 리조트(당시 충무마리나리조트) 개장

1604	1872	1915	1932	1933
주앙 멘데스 당포항 표류	제194대 통제사 채동건이 세병관 개조	착량교 설치	통영운하, 해저터널 완공	통영문화동배수 시설 설치

1952	1953	1954	1955	1962
화가 이중섭 통영으로 이주	남망산공원 이순신장군 동상 건립	미래사 창건	통영읍 충무시로 승격	한산대첩기념 제전 개최

1995	1997	1999	2002	2003
미륵도, 한산도를 포함한 통영군이 충무시와 통합해 통영시로 승격	미륵도 관광특구로 선정 남망산 조각공원 개장 통영시민문화회관 개관	신거제대교 설치	제1회 통영국제음악제 개최	전혁림미술관 개관

대한민국 도슨트 ·통영 연표

2006
- 주앙 멘데스 기념비 건립
- 통영옻칠미술관 개관

2007
- 제1회 동피랑 전국 벽화 공모전 개최

2008
- 미륵산 케이블카 설치
- 통영타워 설치

2009
- 해간교 설치

2010
- 박경리기념관 개관

2011
- 카페 울라봉 개점

2013
- 김용식·김용익 기념관 개관
- 서피랑 명정동 마을 만들기 사업 진행
- 통영국제음악당 개관
- 동피랑 마을기업 지정

2014
- 통제영 관아 복원
- 봄날의 책방 개점
- 이문당 폐점

2015
- 서피랑 일주도로 개통
- 만지마을 전국 14호 명품마을로 지정

2017
- 윤이상기념관 재개관
- 스카이라인 루지 개장

2018
- 윤이상 묘소 독일에서 통영으로 이장
- 미륵미륵 맥주호스텔, 삐삐책방 개점
- 제1회 통영인디페스티벌 개최

2019
- 삼문당커피컴퍼니, 카페 배양장, 내성적싸롱 호심 개점
- 욕지도 모노레일 개설

2020
- 항남동과 중앙동 일대 '통영 근대역사문화 공간'으로 지정

참고 자료

강제윤, 『당신에게, 섬』, 꿈의지도, 2015.

강제윤, 『통영은 맛있다』, 생각을담는집, 2013.

권영란, 『시장으로 여행가자』, 피플파워, 2014.

김상현, 『통영 섬 부엌 단디 탐사기』, 남해의봄날, 2014.

김승완 외, 『서울을 떠나는 사람들』, 남해의봄날, 2013.

김용익, 『꽃신』, 남해의봄날, 2018.

김장주, 『남자의 고향』, 더난출판, 2015.

김휜주, 『경남의 숨은 매력』, 해딴에, 2015.

남석형·권범철·박민국·이창언, 『맛있는 경남』, 피플파워, 2015.

남석형·이서후·권범철, 『한국 속 경남』, 피플파워, 2016.

닐 맥그리거, 강미경 역, 『100대 유물로 보는 세계사』, 다산초당, 2014.

박경리, 『김약국의 딸들』, 마로니에북스, 2013.

박선욱, 『윤이상 평전』, 삼인, 2017.

밥장, 『밥장님! 어떻게 통영까지 가셨어요?』, 남해의봄날, 2019.

배한봉, 『주남지의 새들』, 천년의시작, 2017.

백석, 『백석 시전집』, 지만지, 2012.

안도현, 『안도현의 발견』, 한겨레출판, 2014.

유치환, 『사랑하였으므로 행복하였네라』, 시인생각, 2013.

유치환, 『사랑했으므로 행복하였네라』, 중앙출판공사, 1995.

윤미숙, 『춤추는 마을 만들기』, 남해의봄날, 2015.

윤이상·루이제 린저, 『윤이상, 상처입은 용』, 알에이치코리아, 2017.

이승환·남석형, 『경남의 재발견』, 피플파워, 2017.

임정아·이보라·남기달·한호규, 「전통과학 고분자 코팅 소재 : 옻칠과 명유」, 〈한국고분자학회〉, 2019.

전영근, 『그림으로 나눈 대화』, 남해의봄날, 2015.

치앙마이래빗, 『바닷마을 책방 이야기』, 남해의봄날, 2020.

통영길문화연대, 『통영을 만나는 가장 멋진 방법 : 예술 기행』, 남해의봄날, 2016.

통영시지편찬위원회, 『통영시지』(증보판), 2018.

대한민국 도슨트

한국의 땅과 사람에 관한 이야기

다시, 한국의 땅과 한국 사람에 관한 이야기를 시작하다

이중환의 『택리지』, 김정호의 『대동지지』, 뿌리깊은나무 『한국의 발견(전 11권)』(1983)은 시대별로 전국을 직접 발로 뛰며 우리의 땅과 사람, 문화를 기록한 인문지리지들이다. 이 선구자들이 있었기에 우리는 오늘날까지 스스로를 보다 잘 이해하고 발전시켜올 수 있었다.

기록되지 않는 것은 시간이 흐르면 사라진다. 특히 정규 교과에서 깊이 다루지 않는 1970~80년대 이후의 한국은 젊은 세대에게는 미지의 영역이나 다름없다. 대한민국 도슨트 시리즈는 더 늦기 전에 한국의 오늘을 이야기하고자 한다.

하나의 지역이 한 권의 책으로

각 지역의 고유한 특징을 깊이 있게 담아내고자 독립된 시·군

단위를 각각 한 권의 책으로 기획했다. 그리고 목차는 답사하기 좋도록 대표적인 장소 중심으로 구성하였다. 오래된 문화유산과 빼어난 자연환경은 물론, 지금 가장 활발하게 움직이는 곳이나 역동적으로 태동 중인 곳들도 담아내려고 노력했다.

이들 장소에는 그곳을 거쳐간 수많은 사람들의 기억과 경험이 누적되어 있다. 그것들을 살려내 가급적 쉬운 언어로 풀어내고자 애썼다.

지역의 시선이 고스란히 담긴 특별한 안내서

각 지역의 도슨트는 해당 지역에 거주하거나, 지역과 깊은 연고가 있는 분들이다. 오랫동안 가까이에서 지역의 변천사를 지켜봐온 저자들이 유의미한 공간들을 찾고 고유한 이야기를 풀었다. 이 시리즈가 지역의 거주민들과 깊이 있는 여행을 원하는 이들 모두에게 새로운 발견과 탐구의 출발점이 되었으면 한다.

대한민국 도슨트 **시리즈 목록**

---

01 속초 근대 이후 속초는 어느 도시보다 빠르게 변화했다. 그 변화는 현재도 진행 중이다. 실향민의 도시에서 가장 트렌디한 도시로.
김영건 지음

---

02 인천 인천은 미지의 세계를 향해 처음으로 문을 연 용기와 모험의 도시다. 이 흥미로운 도시는 그 자체가 연구해야 할 거대한 텍스트이다.
이희환 지음

---

03 목포 목포는 모두에게 다른 의미의 도시다. 서해 남쪽 바다에서 내륙으로 통하는 길목에 위치한 이 작은 도시는 한국사에서 단 한 번도 중요하지 않은 적이 없었다.
최성환 지음

---

04 춘천 낭만적인 도시로 한정 짓기에는 춘천의 켜가 너무 많다. 여행객이 바라보는 풍경 이면의 진짜 춘천을 읽다.
전석순 지음

---

05 신안 총 1,025개의 섬으로 이루어진 섬들의 천국. 이 천국에는 우리가 지켜내야 할 것이 너무 많다.
강제윤 지음

---

06 통영 지금 통영에는 관광지도로는 알 수 없는 멋진 문화와 풍경들이 계속 생기고 있다. 통영 골목을 돌아다니는 일이 여전히 즐거운 이유다.
이서후 지음

---

07 군산 군산의 시간은 꿈틀거린다. 근대가 남긴 이 도시의 유산들은 더 이상 지난 과거가 아니다.
배지영 지음

---

08 해남 땅끝마을 해남은 드넓다. 지도를 뒤집으면 해남은 한반도의 시작점이다.
이주빈 지음

09 진주 천년 동안 경남의 중심 도시였던 진주의 시간은 지금도 꾸준히 흐른다. 이제 진주의 오늘을 기억할 시간이다.
권영란 지음

10 평창 태백산맥 중앙에 자리잡은 도시, 평창. 웅장한 산과 푸른 계곡에 둘러싸인 이 도시가 가진 이야기는 무궁무진하다.
김도연 지음

11 고창 이름부터 높고 시원한 이 도시는 선사시대부터 힘 있는 역사를 쌓아왔다. 수많은 문화유산을 보유한 우리 역사의 교과서이다.
이대건 지음

12 대전 대전은 재미가 없다. 다르게 말하면 우리가 그만큼 대전을 모른다는 의미다. 한밭 위에 폭발적으로 늘어난 이곳 사람들의 이야기는 재미없을 수가 없다.
이용원 지음

13 정선 광부의 눈물을 딛고 일어선 도시 정선. 아리랑 속에는 이 도시의 모든 역사가 담겨 있다.
강기희 지음

* 대한민국 도슨트 시리즈는 계속 출간됩니다.
** 발간 순서는 사정에 의해 변경될 수 있습니다.

대한민국 도슨트 06

통영

1판 1쇄 인쇄 2020년 6월 15일
1판 1쇄 발행 2020년 6월 22일

지은이 이서후
펴낸이 김영곤
펴낸곳 ㈜북이십일 21세기북스

키즈융합부문 대표 이유남
키즈융합부문 이사 신정숙
지역콘텐츠팀장 이현정
책임편집 최지영 조문경
사진 이서후 스튜디오다홍
디자인 02정보디자인연구소
일러스트 윤아림
영업본부장 김창훈 영업1팀 임우섭 송지은 영업2팀 이경학 오다은 영업3팀 이득재 허소윤 윤송 김미소
제작팀 이영민 권경민

출판등록 2000년 5월 6일 제406-2003-061호
주소 (10881) 경기도 파주시 회동길 201(문발동)
대표전화 031-955-2100 팩스 031-955-2151 이메일 book21@book21.co.kr

(주)북이십일 경계를 허무는 콘텐츠 리더

대한민국 도슨트 채널에서 도서 정보와 다양한 영상자료, 이벤트를 만나보세요!
포스트 post.naver.com/travelstudy21
인스타그램 www.instagram.com/k_docent

ISBN 978-89-509-8828-9 04900
978-89-509-8258-4 04900 (세트)

책값은 뒤표지에 있습니다.

이 책의 내용 중 오류나 잘못된 정보가 있을 경우 k_docent@book21.co.kr로 연락주세요.
독자 여러분의 지적 사항을 반영하여 지속적으로 수정·보완하겠습니다.